무한 묘수

1

나남
nanam

강철수 바둑만화

무한 묘수 1

2016년 5월 25일 발행
2016년 5월 25일 1쇄

지은이 · 강철수
발행자 · 趙相浩
발행처 · (주)나남
주소 · 10881 경기도 파주시 회동길 193
전화 · 031-955-4601(代)
FAX · 031-955-4555
등록 · 제 1-71호(1979. 5. 12)
홈페이지 · http://www.nanam.net
전자우편 · post@nanam.net

ISBN 978-89-300-8871-8
ISBN 978-89-300-8874-9(전 2권)

책값은 뒤표지에 있습니다.

강철수 바둑만화

무한 묘수

1

나남
nanam

< 만화를 읽기전에 >

이세돌, 커제같은 고수들이 즐비한데 사람들이
갑자기 알파고를 두려워 하는 눈치다.
그러나 알파고는 하늘에서 내려온 천재도
외계인도 아니다.
우리 인간이 통계를 조합해서 만들어 낸,
넓은 의미에서 알파고는, 일종의 흉내바둑에 불과하다.
당대 명인들의 고뇌로 빚어진 신수, 묘수를 비겁하게
따라 둘 뿐, 창작해 내지는 못한다.

사람들이 바둑을 좋아하는 것은, 승패의 즐거움도 크지만,
19로 바둑판이 무한한 창조의 무대이기 때문이다.
알파고는 왜 바둑이 재미있는지를 모른다.
왜 바둑이 슬픈 드라마 인지, 왜 바둑 속에 손자병법이
숨어있는지를 모른다.
계산만 치밀할 뿐 영혼이 없기 때문이다.

진보하고싶은 독자들이여
차가운 머리와 뜨거운가슴으로 내면의 기를 모아
매일 새로운 방법을 모색하고 창안하라!
그대 영혼이 있는 한, 알파고는 영원한 하수로 남을
것이다.
2천 5백년전 임종을 앞둔 석가가 이런 말을 남겼다.

「네 자신을 거울삼고 네 자신을
스승삼아 정진하라」

2016년 5우월 지은이

아, 바둑! 눈물의 바둑. 그러니까 그때가 언제였던가?

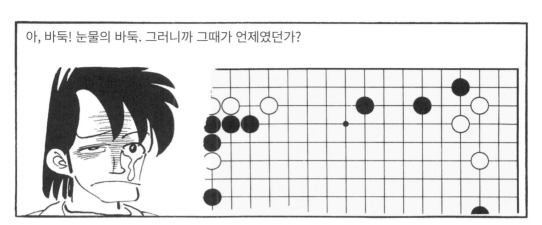

일본에서 조치훈이 떵떵거리고

한국에서 조훈현, 서봉수가 땅땅거릴 때,

너무너무 유명한 저…

이창호는 고작 엄마젖이나 빨고 있었지만,

나 발바리는 그때 비록 나이는 어렸어도

바둑판은 이미 코앞에 있었다.

튀겨먹기에 관한 한 우리 동네에서
나를 따를 자가 없었다.

조치훈이나 조·서(曺徐)들은
한 판 끝날 때마다
봉투를 받는 모양인데,

대국료·賞金

나는 주로 동전으로 받았다.

졌지?
내 놔
백원.

가져 가.

그런데 머리가 커 가면서,

아니 이게 뭐야?

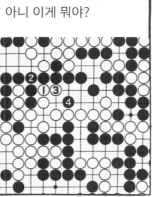

나는 완전히 당한 것이….

아, 이 자식들이 바둑판 가장자리에만 쭉 올려놓던 바둑알을

바둑판 내륙(?)에 놓고는 내 알을 막 따먹는 거라.

나도 질세라 서클에 나가서

바둑 좀 둔다는 놈을 붙들고 거의 매일 레슨을 받았다.

바둑이 뭐 별거랴! 나는 순식간에 포석, 중반, 끝내기를 두루두루 마스터하고
무림(?)으로 나갔다.

앗! 그랬는데 이것들이 별의별 괴상한 사기술로
내 알을 잡아먹는데,

이거 뭐 도대체
당할 수가 있어야 말이지

집칸이라고 지어 놓으면
희한하게 들어와서 다 깨뜨려 놓고,

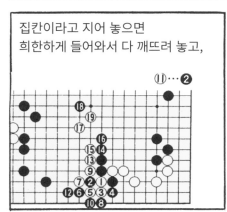

후끈 열을 받은 내가 대마를 잡으려고 덤비면

거 희한한 행마로
내 숨통을 꽉꽉 눌러 가지고

되레 내 돌을,
그것도 통통하게 살을 찌워
잡아먹는 거라!

나는 신경통이 팍 도져
바둑계를 은퇴해 버렸다.

대신 나는 지지배들을 가둬 먹(?)었다.

알고 보니 나는 그 방면으로
기재가 뛰어났었나 봐.

내 번뜩이는 포석 감각,

탁월한 중반 전투 감각,

그리고 끝내기 능력!

나는 적(?)이 사정 거리에 들어왔다고 판단되면,

가차없이 끊고, 젖히고, 맞끊고, 모자 씌우고, 장문 치고, 짤록이 집을 만들어서,

단숨에 만방으로 이기곤 했다.

우와, 그 통쾌한 맛이라니!

아, 물론 더러 무리하게 대마를 잡아서 후절수에 걸린 때도 있었지.

내 기풍(?)은 포석이고 정석이고 다 필요 없고

그냥 돌만 보면 때려잡으러 가는
스타일이었다.

상대방의 모양 같은 건 안 따지고,

돼지 얼굴 보고 잡냐?

아생연후살타(我生然後殺他)가 아니고 살타 후 아생!

그냥 탁 덮어씌워서 끊고 축으로 모는 스타일이었다.

저 자식은 주문은 안 하고 꼭……

바둑에서야 축이 안 되는 걸 모르면 망하지만

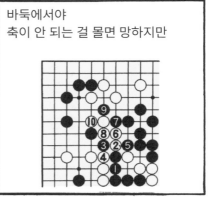

여자는 달라.

응? 좋은데가 어딘데?

여자는 어떻게 모느냐에 따라서 축이 되기도 한다구!

언뜻 유가무가(有家無家) 비슷해도

아직 일정한 직업이 없는 거예요?

너. 말하자면…

그럼 계속 고독 해야죠 무슨자격 으로 여자는

그러나 두 집이 없다고 해서 수상전에 지는 게 아냐.

나는 옥집 한 개를 갖고도 무수한 대마를 가둬 먹었다.

HOTEL

어머 왜 이래? 안돼!

물론 더러 완전히 다 잡은 돌이다 싶었는데

아, 이게 어찌어찌 끝에 가서

또 가끔은 수가 노출돼서,

그러나 내가 늘 형세를
낙관하는 이유는

"세상은 넓고, 지지배는 많다."
이것 때문이 아니겠어?

그랬는데 어느 날

그날도 나는

어슬렁어슬렁 종로통을 더듬고 있었는데,

어머나, 이게 누구야?

내 인생을 바꿔 놓은 여인 박(朴).

그 여자는 축제 때 우리 학교 서클 룸에 놀러 와서

물끄러미 바둑 구경을 하고 간 여학생이었는데,

내가 눈독만 들이다가 잠시 손을 뺀 상태랄까?

박형 오랜만이우.

요기 교보 좀 왔다가….

그래서 "이게 웬 제 발로 굴러 들어온 대마냐!" 하면서

커피 한입 합시다.

좋아요!

근처 찻집으로 몰고(?) 갔는데….

요즘 바둑 많이 두세요?

예?

바둑…이요?

물론 그 여자가 말하는 바둑하고

내가 생각하는 바둑은 전혀 다른 것이지.

요즘은 서클친구들 안 만나나 봐요?

이 나이에 무슨 서클.

그 여자는 일본의 고바야시(小林)가 어쩌구
다케미야(武宮)가 저쩌구.

제법 뭐 좀 안다는 듯이
바둑 이야기에 열을 올리고 있었는데,

오오다케가 안되나 봐요.

나 역시 정석 선택으로
장고에 빠져 있었다.

일단 생맥주를 1,000cc 정도
먹인 다음

록카페에 데리고 가서
노닥거리다가

나이트로 가서 '블루스 더듬기'
행마로 가느냐?

아니면 극장에 가서 손 좀 만지다가

우리 그만
나가실까요?

저녁을 때리면서 하이네나 릴케로 가는
구정석을 쓸까?

즉, 공격이냐, 계가 바둑이냐?

엄마야!
이 남자가
왜 이래?

쉽게 판단이 안 서는 거 있지.

어, 그랬는데….

어때요? 나랑
한번 조용한데 갈
래요?

그녀한테서
그런 말이 나온 것은
정말 뜻밖이었어!

조…용한데가
어딘데요?

따라
와요.

난 순간 불길한(?) 예감이 머리를 스쳤다.

그 왜 여성지 같은 데에 더러 나는 일부 급진파 지지배들 있잖아.

대담하게 남자를 꼬셔서 빵 때려 먹는 야한 여자들.

얘 이거 그렇게 안 봤는데… 그럼 나를 데리고 포석도 없이 대낮부터….

하지만, 그런 유혹이라면 겁이 나기는커녕

끄흐흐흐!

이래봬도 난전의 명인인데 걸어오는 싸움을 피할것 같냐?

그러나….

그 여자가 날 데리고 간 곳은
어느 한산한 기원이었다.

바둑이 무척
쎄시겠어요?

제가요
?

우리 한번
둬 봐요.

저 겨우
물낳급인데요.

하지만, 두기 싫다고
가 버릴 수도 없는 비극이….

그 여자는 너무 예쁘고, 귀엽고,
피부마저 조개 바둑알처럼 뽀얬다.

나는 거만스럽게 백돌 통을
쓱 끌어다 놓고서

"여자가 바둑을 두면 얼마나 두랴, 한 네댓 점 깔아 봐라."

하는 투로 담배를 한 대 붙여 물었는데

어쭈, 한 점도 안 깔고 그냥 맞두자네.

어쭈쭈! 이 기집애 봐?

아니, 그러니까 나랑 접대가리 없이 호선으로 놀자 이런 얘그냐?

그래, 차라리 맞두는 게 나을지도 모르지.

괜히 몇 점씩 접다가 지기라도 해 봐. 상수 꼴이 뭐가 돼?

그보다는 신나게 몰아서 짭짭짭 회를 치면

지지배가 나를 얼마나 얼마나 존경하겠어.

역시 쎄군요!

어쩜

어, 그랬는데, 그게 글쎄….

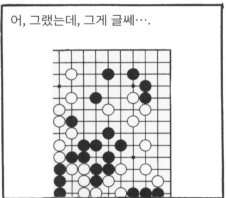

아니, 어떻게 된 거야?

내가 너무 방심했나?

아, 이 여자가 바둑을
기똥차게 잘 두는 거 있지.

마구 몰아서 잡아먹기는커녕

아야야야

에구!
에구!

나는 초장부터
내리내리 몰렸고,

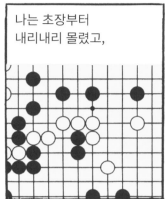

여기저기 도처에서
코피를 흘린 것은 물론

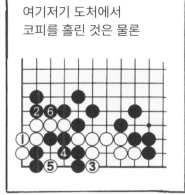

겨우 목숨만 살아서
밑으로 발발 기느라고 정신이 없었다.

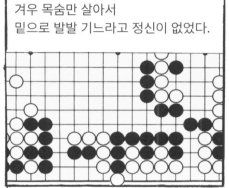

눈물의 하이라이트는 우하귀였는데….

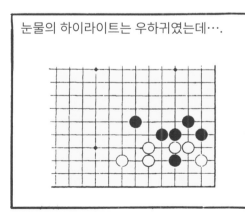

보시는 바와 같이 내가 겨우 빌라 한 채를
어렵게 확보해 놓은 데를

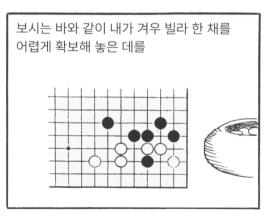

그 지지배가 기분 나쁘게
한참을 들여다보더니,

돌 하나를 집어 떡하니
흑 1에다 갖다 붙이는 것이야.

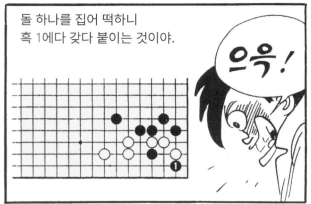

으윽!

거기에서 실족하면 진짜 개망신이라
나는 장고를 했다.

모양상(?) 백 2가
일감(一感) 같은데,

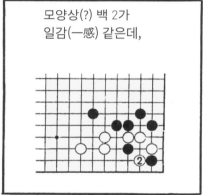

그럼 요것이 필시
흑 3으로 젖힐 것이라!

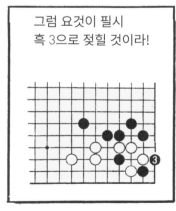

백 4로 몰면 흑 5로 같이 몰고,

달리 반발
할 수도 전혀
없잖아!

백 6으로 때리면 흑 7로 패.

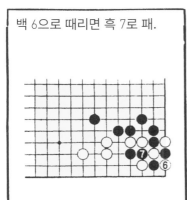

안되지 안되지! 남의 빌라 뜨락에서 패가 생기면 큰일이지.

그렇다면!

나는 무식하게 백 2로 수를 늘리는 강수도 생각 안 한 것은 아니지만,

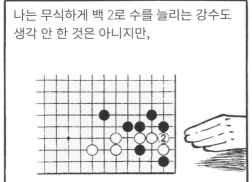

흑 3으로 나와서 백 4할 때, 흑 5이면 한 수 부족으로 전멸이다.

헹! 내가 그걸 모르냐?

앗! 옳지 옳지! 고렇게 고렇게 하는 수가 있구나!

으흐흐흐! 됐다 됐어.

나는 마침내 백 2라는 회심의 일착을 발견했다.

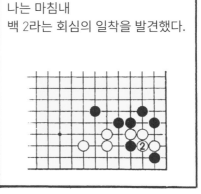

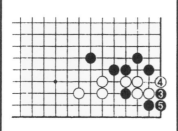

어, 그랬더니 이게
흑 3으로 젖혀 흑 5로 잇고,

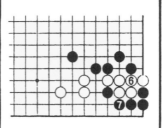

내가 백 6 할 때,
흑 7로 솔솔 나가는 것이야.

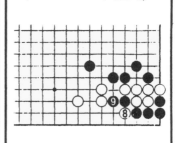

내가 탁 백 8로 끊으니
흑 9로 스르르 나가는데,

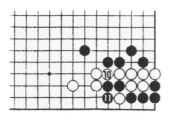

으악! 이게 뭐야?
그 넓던 우리 집이….

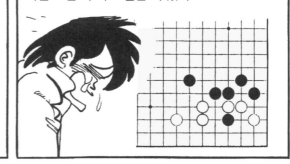

독자 여러분도 한번 비교해 봐.
나는 그만 탁 죽고 싶은 거 있지.

결국 울며 울며
돌을 아니 던질 수가 없었다.

졌어요.

가뜩이나 열을 받아
몸이 후끈거려 죽겠는데, 아 이게

흑돌 통을 주고 백돌 통을 뺏어 가면서,

바둑이 약하시군요!

우와, 자존심에 금이 가는 그 한마디라니!

좋시다! 여자분이라서 내가 좀 모질게 두지를 못했는데요.

그러나 이제부턴 어림 없시다!

그러나 내가 흑을 쥔 둘째 판은 더 참혹했다.

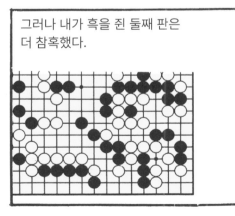

이건 아예 초장부터 박살이 난 것이….

우상귀에
이런 모양이 생겼는데 있지,

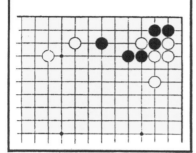

지지배가 잠시 돌을
잘그락거리더니….

오잉?!

아, 이게 건방지게 백 1로
남의 안방에 기어 들어오네.

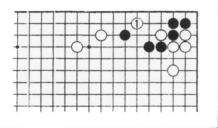

나는 덥석 손부터 나가지 않고
3분이라는 내 생애 최대의 장고를 했다.

모양으로는
흑 2가 틀 같은데,

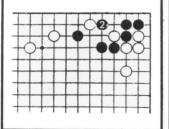

그럼 필시
백 3으로 올라올 테고,

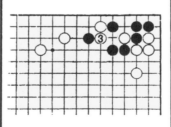

흑 4는 어쩔 수 없고,
그럼 다시 백 5로 솔솔 나와

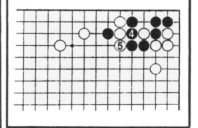

결국 흑 6에 백 7로 기분 좋게 한 점을 싸안을 게 뻔해.

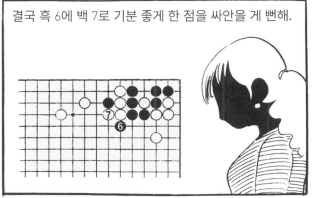

말도 안돼!
그렇게 당해가지고
나는 분통터져 못
살아!

나는 가차 없이 흑 2로 두들겨 막는
대용단을 내렸다.

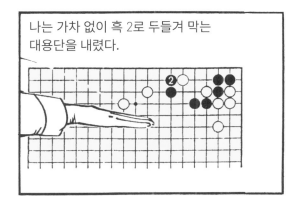

그랬더니 이게
가만히 백 3으로 끊는 거 있지.

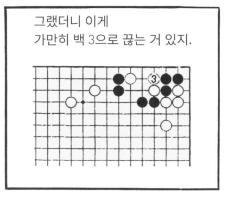

흥! 그럴줄 알
았어. 그 수밖에
더 있냐?

나는 불멸의 묘착 흑 1로 딱 뻗어
수를 늘였다.

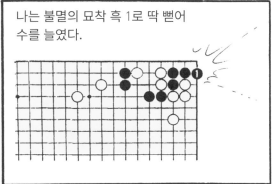

어, 그랬더니
백은 아무렇지도 않게 백 2로 막고

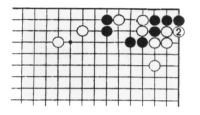

내가 흑 3과 흑 5로
수를 조여 갔는데

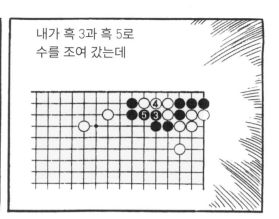

어! 이게
어떻게 된
화투야?

백이 6으로 가만히 젖히니까
내 돌들은 알기 쉽게 거(去)한 거 있지.

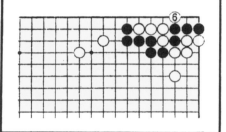

나는 속절없이 죽어 간 내 졸따구들을
하염없이 바라보았다.

훗날 알았지만, 이미 이 모양 자체로
수가 나는 곳이었다.

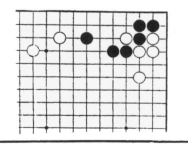

원래 눈목자(目字) 굳힘으로 생긴 이 정석에서
백 7의 호구 대신

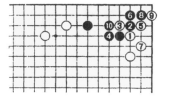

백 1은 일종의 함정수로, 흑 2면 **a**가 있다는
것을 내가 깜빡했던 것이다.

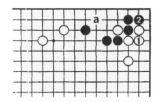

바둑에서 졌다고
인생에서 패배한 것도 아니고

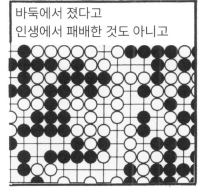

바둑이 고수라고 인격도 고수냐고들 묻지만

막상
무참히 깨지고 나니까….

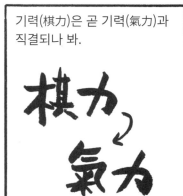

기력(棋力)은 곧 기력(氣力)과
직결되나 봐.

棋力
氣力

나는 그 기원을 나와
찍소리 한마디 못 하고

선수(先手)를 넘겨 준 채 그저그저
처분만 기다렸다.

반대로 내가 만방으로 이겼어 봐.

자 그럼 또 뭐
한다? 우리
극장 갈까요
?

기(氣)가 얼마나 살았겠어.

따라와.

어머머!

어, 그런데 이 기지배가 지가 되레….

자 그럼 또 뭐 할까요? 우리 극장 갈래요?

그래 좋다! 가자 가!

남자가 겁 먹을거 뭐 있어.

우리는 그 길로 극장으로 가서 홍콩 영화 하나를 죽이고

칼국수를 때리고

인사동 어느 호프집에서 마주 앉아 있었는데,

나는 갑자기
어리벙벙하지 않을 수가 없는 것이

이상
하네 !

내 어디를 보고 그토록 줄줄이
향응을 베푸는 것일까?

인간이란 게 잘나 봐야
신(神)의 눈으로 볼 때에는 모두가 돌이고,

단지 요석이냐 폐석이냐 차이 아니겠어?

즉, 인생이란 돌의 성분(?)에 따라
생사화복이 정해지는 것이다.

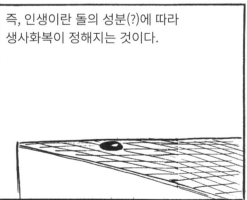

그렇다고 해서 과장, 부장, 사장, 회장만 요석이고

미스김 골프장 부킹 됐나?

네 사장님.

말단 샐러리들은 모두 폐석이란 뜻은 아냐.

이 쌍! 또 야근 이야?

바둑에서 그렇듯, 사석으로 누워 있던 돌들이 훨훨 되살아나고

또, 금쪽 같은 요석도 어느 틈엔가 단지 두 집짜리로 격하되기도 하는 것이 인생이다.

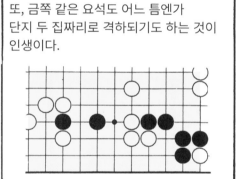

그런데 내가 그날 도무지 이해가 안 가는 것은

내가 뭐 미남이기나 해? 체격이 우람해?

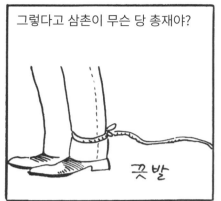

그렇다고 삼촌이 무슨 당 총재야?

끗발

그럼, 돈이 많아? 아니면, 바둑이 세?

도대체가 어느 한구석도 요석다운 데가 없는데,

아, 이 계집애가 같이 바둑 두어 줘, 영화 구경 시켜 줘.

거기에다 칼국수, 생맥주까지….

도대체 뭘 노리고 그토록 거한 투자를 한다고 야단이지? 이게……

혹시 귓구멍은 있다고 이게 어디서
'성동격서(聲東擊西)' 소리는 들어 가지고

다른 돌을 잡기 위해
공격하고싶은 반대쪽의
나를 공격하는 것일까?

즉, 내 주변의 쓸 만한 놈을 포획하기 위해

마음은 그쪽에 있으
면서 은근슬쩍 나
를 통해 탐색전을?

하지만, 나에겐 형도 없고
주위에 괜찮은 놈은 한 새끼도 없다.

그런데 왜?
도대체 무엇
때문에 ???

김달호씨!

아니나 다를까, 한참 뜸을 들이던
그 여자가 이윽고….

저기……
실은……

나는 이게 무슨 부탁을 하려고 이러나
귀를 곤두세웠는데

어, 그 여자는 너무 뜻밖으로

여자애 하나
소개시켜 드릴까
하는데 어때요?

여자애요?

원래 여자라면
까빡 죽는 분
아녀요?

나는 다시 한 번 더 어리벙벙해지면서

발바리 악명
소문들에서 다
알구 있어요.

동시에 너무너무 섭섭했다.

여자가 여자를 소개해 주겠다는 게 무슨 행마인가?

인사해요, 최 미옥.

자기는 나랑 안 놀겠다!

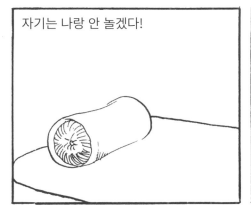

다른 애를 붙여 줄 테니 걔랑 놀아라,
이거 아니겠어?

그럼 언니 간다. 둘이 잘 해봐!

바둑으로 치면 꼬리 몇 점 떼 줄 테니
대마는 포기하라, 이거 아니겠어?

어머 김달호씨, 어디 가요?

됐습니다!

내 오늘날까지 여자한테 물깨나 먹어봤지만 나중에 별 놈의 신수(新手) 물을 다 먹어보네!

이리 와 봐요!

관둡시다! 이래봬도 끊긴 돌, 「한 수 물려줍쇼」 하는 기풍은 아니올시다!

이리 와 봐요.

글쎄 싫다는데 왜 이래, 이게!

그러나 그날 그 여자가 소개한 여자애는, 이런 빌어먹을!

A 14

하긴 5살짜리 여자도 여자는 여자지.

너야?

미미야 아저씨한테 인사드려 야지.

안녕 하세요.

설마 일당 줄테니 이 꼬마병어 좀 데리고 놀라 소리는 아니죠?

그 여자는 그 꼬마랑 두었던 바둑 한 꼭지를 주섬주섬 판에 올려놓았다.

꼬마가 선(先)으로 둔 바둑에서 이런 모양이 생겼다는데.

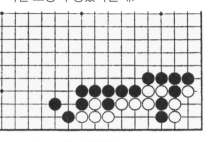

당시 4살짜리 코흘리개가 가차 없이 흑 1로 끊더라는 거야.

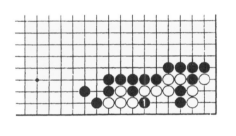

백이 2로 두 점을 잡으면, 흑 3으로 젖히겠다는 의도지.

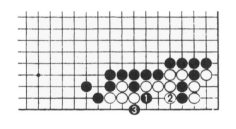

백 4로 몰아도 흑 5로 얌전히 이으면, 자충으로 꼼짝없이 백 넉 점은 죽고,

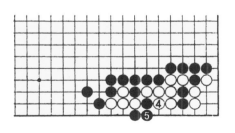

백은 결국 백 2로 흑 1을 잡을 수밖에 없는데,

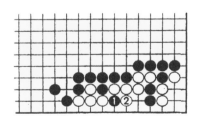

43

이 꼬맹이가
흑 3이라는 기막힌 묘착을 둔 거야.

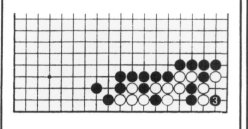

백이 만약 4로 덜컥 손 따라 이으면,
흑 5와 7로 백 귀가 다 떨어져.

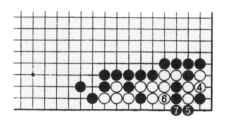

결국 백은 4와 6밖에 없고,
흑은 5로 대전과를 올리지.

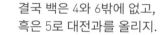
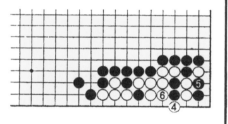

어때요?
이걸 4살짜리
바둑이라고 믿어
지세요?

아 뭐 요즘이야
바둑교실도 많고
또 책도 많이 나와
있으니까 뭐 그정도
야 ....

그럼 미미랑
한번 둬봐요.

이 좋은날 따분하게
방에서 바둑은
무슨! 데리고 극장
이나 가죠.

일단 한번 두어
봐요! 미미가
백이에요.

44

나는 썩 내키지 않았지만,
'그 뭐, 바둑 한 판 정도야' 하고

순전히 그 여자 얼굴을 봐서
그 꼬맹이와 호선으로
바둑 한 판을 때렸는데….

나이는 어려도
기재는 있는 애라고 직감은 했지만,

그렇게 덥썩덥썩 두다가 큰코 다칠걸요.

아, 이 쥐방울만 한 게!
아니 뭐 이런 차돌 같은 바둑이 다 있니?

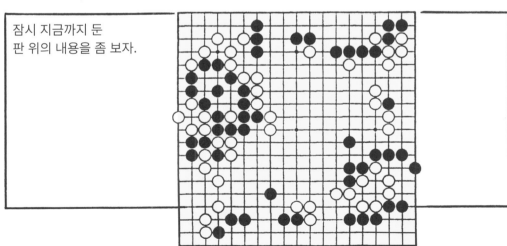

잠시 지금까지 둔
판 위의 내용을 좀 보자.

내가 흑을 쥐고 둔 바둑은
어느덧 중반을 넘어 그런대로 팽팽하게 어우러져 갔는데….

이 대목에서는, 결과론이지만
하변을 흑 1로 젖히는 오직 한 수였다.
그렇게 젖혔다면
아마 덜컥수만 안 나오면
흑이 유망했을 것이다.

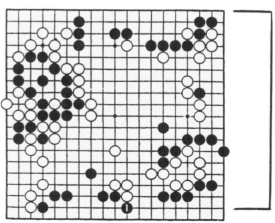

그러면 백은 2로 막고 4로 호구 치는 정도인데
(이창호라도 이렇게 둘 걸?)

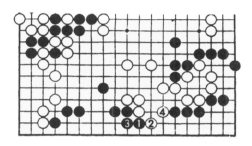

계속해서 흑 5로 내려 빠져 두는 수가 두텁고
맛이 좋은 자리라서, 이걸로 흑 우세 아니겠어?

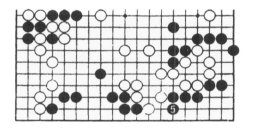

그랬는데 있지.

나는 우변 흑도 불안하고 해서
흑 1로 기분을 내고 말았는데….

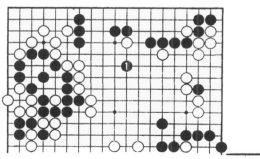

아, 이 계집애가 백 2로 가만히 먼저 내려서니 흑 3으로 안 막을 수 있나?

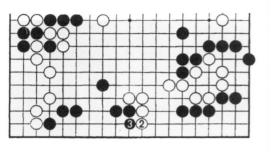

빌어먹을!

원래 여기는 흑이 젖혀 있는 게 거의 선수였는데……

그래 놓고 이게 때 이르게 백 4로 끝내기를 하는데 흑 5로 또 안 막을 재간이 있나?

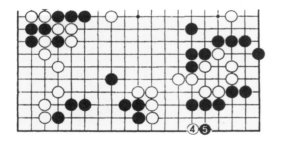

그러자 이게 다시 돌 소리도 야무지게

백 6으로 탁 젖히고, 내가 흑 7로 막으니까 여우같이 백 8.

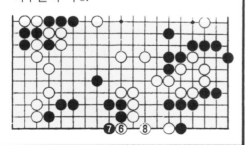

백 8이 온 이상, 당장 a로 몰면 흑 귀가 다치므로 흑 9는 절대야.

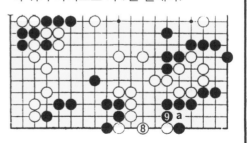

아, 그래 놓고
이놈의 계집애가, 에그머니!

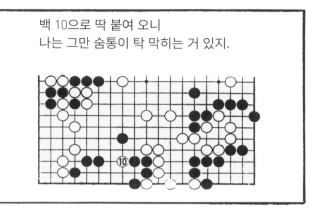

백 10으로 딱 붙여 오니
나는 그만 숨통이 탁 막히는 거 있지.

백 10이 온 이상 흑은 날 샌 거야.
어떻게 응수해도 하변 흑진은 쑥밭이다.

나는 사력을 다해 그 후 몇십 수를 더 두어 봤지만
역시 거기를 맞아서는 회복 불능이었고

결국 돌을 놓지 않을 수 없었지.
대참패였어.

졌다,
아가.

그거 보라는 듯이 그 여자가 너무너무 좋아하는 것 있지.

역시 세죠?

나는 종로에서 뺨 맞고 한강에 가서 눈 흘기는 식으로 성질을 부렸다.

아, 바둑 잘두는 애가 바둑 선거 당연한거죠.

조훈현 서봉수가 저단자한테 불계승 한게 뭐 대단한 사건 축에 듭니까?

그래서 지금 날더러 얘를 한국기원 연구생으로 천거라도 해달라 이겁니까?

아뇨.

그럼 뭐야? 설마 멀쩡한 총각 보고 양녀 삼으라는 소리는 아닐테고.

우리 일단 나가요.

도대체 누굽니까? 미미라는 그 꼬맹이.

……

50

조카입니까?

아녀요.

그럼?

그럼 그냥 윗집 맞벌이부부 딸입니까?

아녀요.

이런 빌어먹을! 그럼 도대체 누구야? 친척도 아니고.

여고생 때 바캉스 가 가지고 성폭행 당해서 생긴애를 낳은 겁니까?

말조심 해요!

그럼 도대체 누구야, 그 꼬마?

51

그 여자는 대답 대신에
먼 하늘을 물끄러미 바라보다가

불쑥 이런 헷갈리는 소리를 하는 거
있지.

바둑 있죠…

이런 제기!
또 그놈의 바둑
얘기야.

그 많은 사람들이
그 많은 세월동안
그 많은 바둑을 두었는데…

같은 판이 단 한 번도
없다는 게 너무 신기
하지 않아요?

아
그거야
여보!

바둑은 사람 손의
지문 같아요.
저마다 다른 색깔의
운명 같고요.

이 여자 큰 발견 했네, 큰 발견했어!

그래요. 바둑은 한판의 숙명.

???

결코 그 포석, 그 정석, 그 전투를 원치 않았는데도 그렇게밖에 둘 수 없는 한 판의 운명.

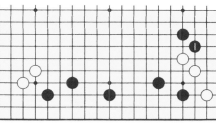

일견 자기 마음대로 뚝딱뚝딱 두는 것 같지만 그렇지가 않아요.

한판의 바둑에는 어떤 거역못할 운명의 길 같은것이 있어요.

그래 그래! 그렇다치고!

우리가 이렇게 만나 이런 이야기 하는 것도 보이지 않는 어떤 힘에 의한 운명일것이라고 생각되지 않아요?

그래 나도 가끔 그 비스무리한 거 느낄 때가 있긴 해

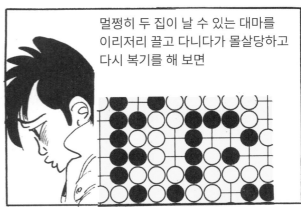

멀쩡히 두 집이 날 수 있는 대마를 이리저리 끌고 다니다가 몰살당하고 다시 복기를 해 보면

어쩌면 요렇게 죽을자리만 정확히 골라서 그것도 한치의 착오없이 일사불란하게 보태줄 수가!

절묘해 절묘해

뿐인줄 아슈?

음! 내가 이렇게 두다가 자충으로 똔똔이 되고 말지. 조심해야지.

그런데 그 우려가 정확히 현실로 나타나는 거야. 그것을 운명 아닌 무엇으로 설명할 수가 있어?

아야 이 등신아!

마치 남자가 여자를 만나
'내가 이 여자랑 결혼하면
일생이 곤마가 되지' 하면서도

기어이 그 여자랑 결혼해서
2선으로 발발 기며 사는 남자.

그것이 운명이 아니고
서야 왜 판을 탁
뒤엎고 다른 길을
못가?

그래요.
그거예요.

김달호씨도
이 운명에 순응
하도록 하세요.

이 운명이라니!

왜? 미미가
마음에 안드세요?

이런 쌍! 날더러
그 꼬마랑 블루스라도
추라는 거냐? 나랑
둘이 체급이 맞냐?

부탁이에요. 블루스는 내가 죽어드릴 테니 미미를 맡아주세요.

이런 빌어먹을, 혹 떼려다가 뭐 어쩐다더니!

이건 혹도 안 떼려 했는데 졸지에 혹 하나가 붙은 거 있지.

하긴, 따지고 보면 제대로 적임자를 찍었는지도 몰라.

조금 덤벙거리기는 해도 근본이야 착한 김달호지.

거기에다 유머 있지, 돈 있으면 잘 쓰지!

먹어 먹어.

또 뭐 사줄까? 팍팍 말해!

천성적으로 애 좋아하지,
애가 좋아하는 만화 좋아하지.

거기에다 그 꼬맹이가 좋아하는
바둑까지 맞상대해 줄 수 있으니

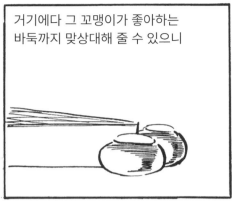

나는 아마 미미의 최고 파트너 자격을
갖춘 사람일지도 몰라.

어, 그랬는데 있지.

나는 그때까지만 해도
꼬맹이를 며칠 데리고 놀다가

반납해 버리면 그걸로 끝나는 줄만
알았는데….

엄마야! 이 인간이 애를 맡겨 놓고 그대로 손을 빼 버렸지 뭐야.

그제서야 깜짝 놀라 긴급 동의를 했는데

거기 좀 있어.

이런 망할! 애 맡긴 인간이랑 숫제 연락도 안 되는 거 있지.

이 몸은 진실로 진실로 큰 혹 하나를 붙였어!

너 도대체 어디 사는 애냐? 집이 무슨 동이야?

엄마 아빠 읎냐?

너 혹시 고아원 같은 데서 탈출한 거냐?

이런 빌어먹을! 대학까지 나와가지고 아직도 두집을 못내고 있는데 거기다 또 이런 생각지도 않던 마생마를 떠안게 되다니……

에고 내신세야

집으로 데리고 가 엄마한테 사정 얘기를 했더니

불쌍하다고 밥도 먹이고 떡볶이도 만들어 주고

친절하게 데리고 앉아 이런저런 얘기도 해 주는 것 같았지만

집이 서울이 아녀?

결국은 엄마도 손을 빼자는 견해였다.

그럼 우리 형편에 우쩌냐? 파출소라도 데리고 가 보더라고.

하지만 저 어린걸 이 추운겨울에 ……

바둑하고는 달리
아무리 들여다봐도 뾰족한 수가 없었다.

다음날 나는 가슴이 좀 아팠지만 미미를
데리고 동네 파출소로 어슬렁어슬렁 갔지.

그런데 이 계집애가 바둑이 1급이라 그런지
눈치는 더럽게 빨라 가지고

아직 파출소가 보이지도 않는데 도살장에
끌려가는 소처럼 걸음을 딱 멈추더니

눈물을 뚝뚝 흘리는데, 아, 이거야!

여자의 눈물에 내가 또 좀 약한 위인가.

그러나 영화를 보고 나오니
나는 되레 더 암담한 거 있지.

그런데 눈물의 역사는 바로 그날,

내가 간혹 시간이 애매할 때 들러 보는
종로 '짠돌 기원'.

내가 미미를 거기로 데리고 간 이유는
갑자기 바둑 생각이 나서가 아니고

애를 맡아 길러 줄 독지가라도 있을까
해서도 아냐.

그렇다고 무슨 장물 보따리 비스무리하게 꼬맹이를 그 기원에다

슬쩍 놔 두고 줄행랑을 치기 위해서도 아니다.

해 치웠다!

나는 그냥 '짠돌'로 갔을 뿐이다.

其院 짠돌

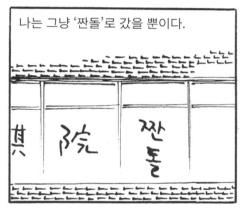

하도 골이 지근거려 바둑 두어 판 두면 잠시 동안 잊힐까 싶어서 말이야.

그런데 가는 날이 장날이라더니….

어! 자네 왔는가?

은행 대리라면서 은행에는 안 가고 주로 기원에서 사는 그는

나보다 4분의 1점쯤 센 호적수였다.

그는 내기 아니면 안 두는 위인이라, 그날도

결국 자의 반 타의 반
타이틀(?) 매치가 벌어졌다.

나는 어느새 꼬맹이가
옆에 있는지조차도 까맣게 잊고

언제나 그러하듯, 죽기살기,
내 집 키우고 남의 집 뭉개기의 무아경에 빠졌다.

잠시 판을 좀 보자.

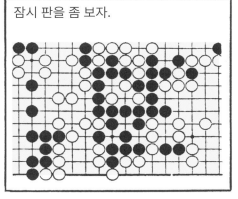

내가 흑을 잡은 그 바둑은 어느덧 중반을 넘어 큰 끝내기 문턱에 다다랐고
보다시피 판세는 빡빡한 듯하면서 덤이 빠질까 어떨까 하는 국면이었다.

흑이 둘 차례. 자, 과연 어디가 클까?

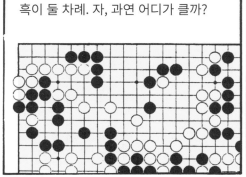

나는 미끈한 처녀 몸매 살피듯이 판 전체를
훑고 또 훑었다.

호주머니에 총
1만 8백원 있는데
이거 깨지면 거의
끝장이잖아.

평소의 나답지 않게
그 대목에서 정신을 가다듬는답시고 벌떡 일어나

잠깐만
실례!

생리적
현상!

화장실에 갔는데, 어, 이게 뭐야!
미미 계집애가 쪼르르 거기까지 따라온 거 있지.

어…너!

이런 빌어먹을!

나는 그제야 미미가 곁에 있음을 깨닫고
잠시 손을 빼고 있던 짜증이 울컥 치밀었지.

이게 겨우 마음 좀 가라앉힐만 하니까....

야! 내가 너 두고 도망이라도 칠까싶어서 오줌 누는 데까지 쫓아왔냐?

빠방창가 있어! 여기는 여자가 들어오는 데 아냐!

그게 아니구 아찌...

그냥 보통 끝내기루 나가다가 덫에 걸려서 아찌가 져! 덫이겨요!

?

66

나는 갑자기 혈압이 오르는 거 있지.
지지배가 어디를 보고 그러는 걸까?

엄밀히 말해서 그것은 명백한 반칙이었지만

승리를 확신한 듯 M 대리가 유행가를 흥얼대고 있었지만, 나는 흑돌 한 개를 힘차게!

돌 소리도 야물딱지게 미미가 귀띔해 준 대로
흑 1, 적의 갈비뼈 바로 밑에다 갖다 붙였다.

그러나 금세
벌레 씹은 얼굴이 되었고

우리(?)는 이심전심으로
쾌재를 합창했다.

고거 참! 아무리 봐도 묘착 중의 묘착인 것이….

이런 때에 얼핏 흑 1로 젖히기 쉬운데,
그러면 백은 패를 않고 가만히 백 2로 참고

흑 3일 때 백 4로 몰고 흑 5.
이건 아무것도 아냐. 그냥 기푼어치 후수
끝내기일 뿐.

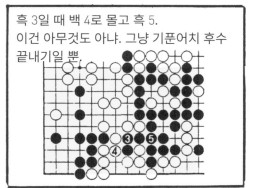

그러나 흑 1은 달라. 이건
백의 옆구리에 칼을 들이댄 것과 같은 거야.

조금 억울하지만
이때에는 백 2로 막을 수밖에 없는데,

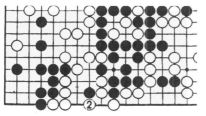

그러면 흑 3으로 기분 좋게 몰고,
백 4로 이을 때 흑 5면 백은 다시 울면서 백 6.
흑은 선수까지 뽑아 대득이지.

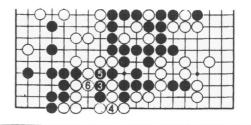

그러나 백은 그렇게 두지 않고

에라 쌍!
맞아 죽으나
굶어 죽으나.

웃!

기세 좋게
위로 탁 막아 버리는 거야.

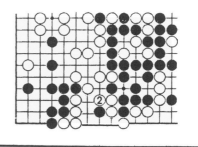

그렇다면야 누구
대가리가 터지든
오길이지 뭐!

따라서 흑도 강렬 무쌍하게
3 마늘모.

당장 환격이니
백 4로 안 이을 항우 장사 있나?

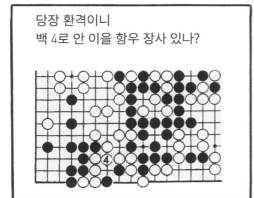

그래 놓고 나는 유유히 판세를 굽어본 후

음!
팻감이
어찌 되나
?

가차 없이
흑 5에다 집어넣어 버렸다.

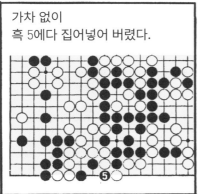

하지만 흑의 꽃놀이패로
백의 보가에서 그런 대패가 나서는 백 패세야.

꼬응~!

신성한
기원에서
웬 끙!

아니, 그런데 세상에 무슨
이런 개 같은 일이 다 있나?

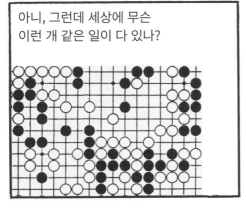

거기에 패가 나서는 무조건 이겼다 싶어
나는 너무너무 째진 나머지

어딥
니까?!

냅다 촐싹거리다가 나는 그만 헛패를 써 가지고

그 좋던 판을 져 버렸어.

동시에 이 지지배가 앙칼지게 나를 퇴진시키고,

지가 떡하니
선수로 등록(?)을 하는데….

1만 8백 원에서 1만 원을 잃어 밑천도 없는 주제에
나는 간도 크게

그래 선수교대다! 우리는 다크매치 조라서요.

귀엽게 생겼군. 조카인가?

투수교첸니다!

뭐? 무슨 교체? ???

결국 그래 가지고 예정에도 없던
2차전이 벌어졌는데

도대체 내가 뭘 믿고 글쎄….

요즘같은 물가고에 만원빵이 무섭니까! 엎읍시다.

좋지!

엎자 소리는 액수를 더블로 올려 2만 원짜리
판으로 하자는 얘긴데

미미를 무슨 애완견 보듯 하는 그는
2만 원이 아니라 10만 원도 걸겠다는
투더군.

1급이 어느정도야? 내가 덤으로 몇알 깽이 주랴?

이 아저씨랑 비슷해요. 그냥 흑으로 둘게요.

그럴래? 한번 둬 보고 힘에 부치면 말해라 응.

자 그럼 시작 하죠! 세컨 아웃! 땡!

그러나 흑이고 백이고
바둑은 100수를 미처 못 넘기고 결판이 나 버렸다.

오잉? 어떻게 된 거야?

미미는 내가 기대했던 것과는 달리,
화려하고 기발한 운석 대신

내가 보기에 그냥그냥 견실하게만
두어 가는가 했는데

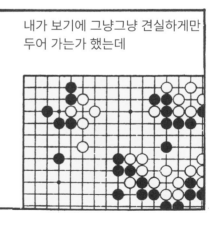

바둑이 중반을 넘어설 무렵 별안간 표범처럼 두 눈이 빛나는 거야.

자, 우선 바둑판 위의 상황을 잠시 보자.

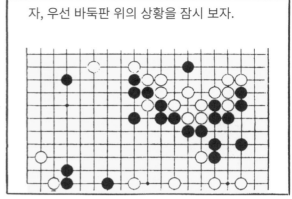

아래 그림이 바로 문제의 대목이야.
일견 서로 잘 어울린 국면 같은데, 하변 백 모양 속에서 졸지에 사단이 벌어진 거야.
다음 컷으로 넘어가기 전에 독자 여러분이라면 흑의 다음 한 수를 어디 두겠어?

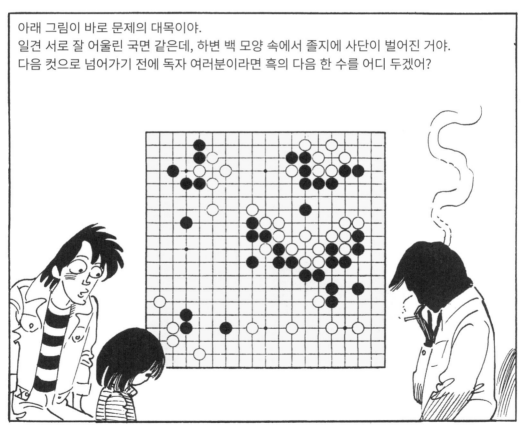

미미는 매섭게 흑 1에다 갖다 붙였다.

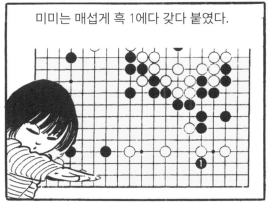

날카로웠다!

음~?

빠른 템포로 두어 가던 M 대리가 처음으로
장고에 빠져 끙끙대기 시작했는데….

이 얘기가
남의 택지
닦아 놓은데다
뭐 하는거냐?

뭐야?
거의 응수가
무(無) 하잖아.

순리(?)대로라면 백 2로 받고, 흑 3.

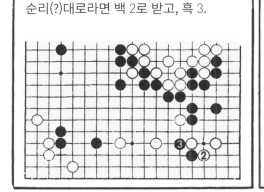

백은 4로 올라설 수밖에 없고, 이하 흑 9까지.
이건 거의 완생이고 백은 껍데기만 남아
당연히 불만이지.

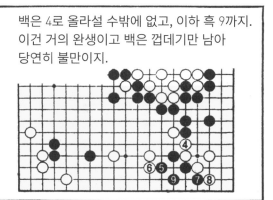

따라서 백은 삼수갑산을 가더라도
백 2로 젖히는 오직 한 수인데,

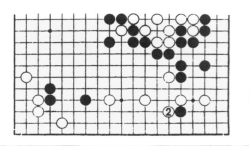

미미는 기다렸다는 듯이
흑 3으로 맞끊어 버렸다.

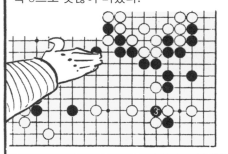

백은 얼핏 4로 몰기 쉬운데,
그러면 흑도 5로 같이 몰고

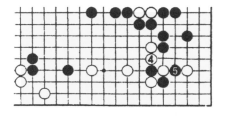

한 점을 따 낼 수는 없으니
백이 6으로 둘 때
신나게 흑 7로 이어 가면

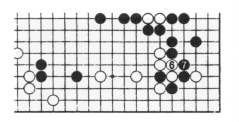

결국 백 8로 끊어 먹는 정도고,
흑은 9로 몰면서 흑 13까지 이어지는데
이것은 귀의 실리가 너무 커서 너무 좋아.

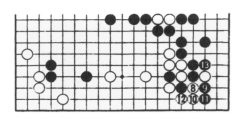

결국 그래서는 진다고 보았는지
M 대리는 생담배를 냅다 태우더니

대담하게 백 4 쪽으로 몰았고

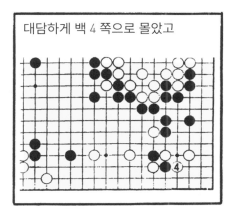

흑도 같이 5로 몰고, 백 6을 때릴 때, 흑 7로 되몰아 백 진영 속에서 천지대패가 난 거야.

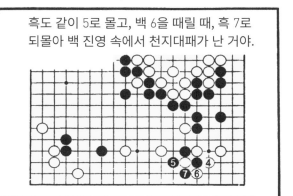

결국 백 모양 안에서 그런 식의 패가 발생해서는 백이 이기기 힘든 바둑이지. 흑으로서는 일종의 꽃놀이패니까.

아니나 다를까, 도처에 팻감이 널린
백으로서는 일일이 대꾸를 할 수가 없어
불청하고 있고

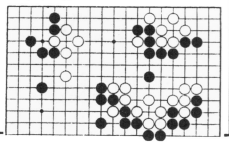

대신 흑은 다른 곳에 두 번 연타하는 것으로
낙착되었는데

이미 해는 지고 황새는 울어
M 대리는 몇십 수를 더 두다가 돌을 던지더군.

M 대리는 "이랬으면 그만이었다"는 소리를
열 번도 더 하며

이랬으면 넌
끝이었어 !
어쩔거야 ?

결코 미미를 인정 안 하는 거 있지.
처음에 사람들이 이창호를
반신반의했던 것처럼 말이야.

그러나 덕분에 우리는 너무너무
형편이 풀린 것이

꼬마가 제법
두네 ! 한판
더 둬 !

그 판 말고도 M 대리는 미미와
거푸 3판을 더 두었는데

몇 승 몇 패였냐고 촌티나게 묻지 마.

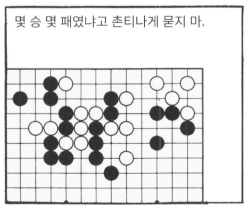

그날 밤, 나는 미미를 데리고 서울 야경이
째지는 어느 빌딩 라운지로 가

칼질을 시켜 놓고 돈을 세어 보았는데
모두 25만 원이더군.

나는 기분으로
맥주를 한 병 시켜

간만에 목구멍을 팍 축였다.

카!
좋다!

그거 맛있어?
나두 좀 줘

안돼!
너는 20년쯤 후에
마시는 거야.

아찌가 기분좋아
하니까 나두 디게
기분좋다~

나는 더
디게 좋다.

나는 미미를 데리고 거리로 나와

다시 군밤이랑 오징어도
사 주고

솜사탕도 사 주었는데 너무너무 좋아하는 거 있지.

하지만 가만히 이성을 되찾아 생각해 보니
이런, 빌어먹을.

양심적으로 25만 원이 과연
내 돈이냐 이거야.

아 물론, 매치 메이커로서 위험을 무릅쓰고
판돈도 대고 그랬어, 그랬기는.

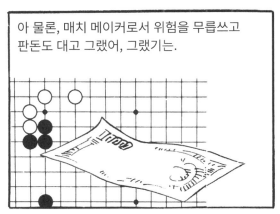

그렇다면야 프로모션 매니저로서
먹을 자격은 있어, 있기는.

하지만 있지.

25만냥을 털도 안
뽑고 깡그리 다 내가
짭짭은……

응?
나보고 뭐라
그랬쩌?

그래 그래
껍팔이 둥쳐 먹는 거
하고 어디가 달라?

야! 이돈 너거
니까 니가 다
가져.

응?
왜?

글세 아짜가
받으라면 받는거야.
어서 받아!

그랬더니 이 지지배가, 하하 참,
이 꼬맹이가 뭐라 그랬게?

아, 요놈의 계집애가 내 얼굴을 빤히 올려다보며

싫어!
아짜가 그 돈
다 가져.

미미의 말을 내가 너무
확대해석한 건지 몰라도

그 말은 마치

딱 이렇게 내 귀에 들리는 거야.

즉, "내가 계속 벌어 먹일 테니,
너는 내 뒷바라지나 착실히 잘 해라!"

"실업자가 졸지에 이런 노다지가
어딨느냐? 너는 봉 잡은 거야."

아닌 게 아니라, 이론(?)상으로 이 불경기에 이게 웬 밑천 안 드는 안전빵 장사야.

이창호가 1년에 고작(?) 100국을 둔다고 살인적이니 뭐니 하지만,

그거야 한가한 신문이나 TV 바둑 얘기고,

내기꾼은 한 달(1년이 아니고) 기본이 100판이고 성수기에는 하루에 5판이나 6판을 두니

아주 적게 잡아도 1년에 1천 판을 휘파람 불면서 둘 수가 있다.

따라서 더도 말고 2승 1패씩만 착실히 해 나가면 최소한 3백 국 승수가 나오지.

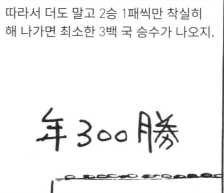

86

한 판에 10만 원씩만 잡아도
간단히 3천만 원.

진 쪽에서 열받아 30만 원짜리로 올리면
어찌 돼?

만약에 판당 백만 원씩이면
1년에 돈이 얼마야? 3억이잖아!

내기꾼한테 소득세가 나와,
원천 징수를 해? 그냥 깡 남는 거지.

그러기를 더도 말고 10년만 계속하면,
으악!

나는 갑자기 가슴은 물론이고
맹장까지 다 떨리는 거 있지.

얘가 어디 10년만 해 먹겠어? 거기에다 바둑이란 두면 둘수록 더 늘지, 주나?

적어도 환갑 때까지는 내기꾼 동네에 종사할 수 있다는 법 해석이 가능하잖아. 그럼 물경 얼마야?

그러는 사이에 다시 또 이자 붙고, 또 붙고, 또 붙고….

더러 주식 좀 사 둔 게 오르고 올라, 우와, 어느 날 살펴보니 수천억!

이거 잘 하면 아무개 재벌처럼 돈으로 대권 도전도 한번 해 봄 직하잖아.

됩니다 김회장!

청와대

즉, 이 꼬맹이 덕분에 이 몸은 최고 통수권자도 가능하다 이거 아니겠어?

하지만,

인간이 제 분수를 알아야지.
길이라고 그냥 다 길인가?

아찌 무슨 생각 해?

차라리 벼룩 간을 내먹지, 이 어린 것을….

발 벗고 나서서
부모를 수배(?)해 주지는 못하더라도

춥다, 업자!

적어도 어른으로서
보호하고 공부를 시켜야지,
내가 무슨 아우슈비츠
수용소 소장이냐!

뒤늦게 이성을 되찾은 나는 그 길로 미미를 데리고
파출소로

가…

…지 않고 다시 집으로 데려다 놓았지.

아니 어떻게 된거냐? 경찰서도 나모른다냐?

아, 도대체 나라는 인간은!

이 나쁜시키!

도대체 나라는 인간은 왜 이 모양일까?

자자 떡볶이. 아찌가 만들었다.

증말?

그런데 바로 그 다음날

여보시오. 누구시오?

달호야— 전화 받아라!

미미 꼬맹이한테 졸지에 박살이 난 M 대리가

급히 좀 만나자고 해서 달려나갔더니 아, 글쎄!

문 결지 마세요, 엄마.

하, 참! 아니 뭐 이런 피플이 다 있니?

여긜세 여기 !

처음에 나는 이 양반이 설욕전 하자고 그러나 보다 했는데

그게 아니고 글쎄….

꾼한테 결려가지고 50만냥짜리 내리 세판을 작살 나지 않았겠나.

다들 불경기로 죽는다고 야단인데 돈 많으시네요.

결론인즉, 그 꾼한테 '피 맺힌 복수'를 해야겠는데 솔직히 자기 바둑은 두 점으로도 어렵고

해서 미미를 좀 빌려 달라는 거야.

아니! 애가 무슨 물건입니까?

큰거 딱 세판만 두고 반납시킬게! 일당도 후하게 쳐서!

안됩니다! 어린이헌장에 위배되는 행위 저 못해요!

어디가 위배돼 소질을 살려주고 되레 돕는거지!

그래 좋아! 반본전만 찾고 나머지 다 줄게! 그래도 싫어?

미미가 바둑을 두는데 왜 대리님이 반본전을 찾아 갑니까?

옥신각신 끝에 결국 M 대리가 군자금(판돈)을 대고

수익금(?)은 셋이 똑같은 지분으로 나눈다는 조건으로 낙착되었는데…

택시를 타고 선수를 모시러 가면서
곰곰이 생각을 해 보니….

미미는 기술을 대고 M대리는 돈을 대고,

나는 뭐야? 나는 무슨 명목으로 수익금 3분의 1을 먹겠다는 거야?

평소에 양파 한 개, 꽁치 한 마리 갖고도

소비자랑 직거래를 해야지! 돈은 어든 중간 상인들이 다 처먹고 불쌍한건 그저 농어촌!

이것도 개혁을 해야 돼!

길길이 비분강개하던 이 몸이
어느새 그 지탄의 중간 상인이 된 거 있지.

그러나, 중간 상인이고
꽁바리 상인이고 간에

미미야 이리 좀 와!

정작 코앞에 닥친 그날 밤의 현안은

떡 줄 사람한테 물어 보지도 않고 지분 배정으로 침을 튀겼지만

아, 그러나 그보다는…
그보다는…

정작 백만 원이나 걸린 그 판을 미미가 과연 이길 수 있을까야.

금융계의 강자, 은행가의 명인으로 군림한다는 그는

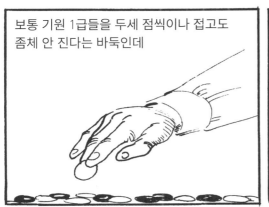

보통 기원 1급들을 두세 점씩이나 접고도
좀체 안 진다는 바둑인데

하필이면 이름도 겁나게시리
'이창후'인 거 있지.

李昌厚

종로 4가 어느 개인 사무실에서 맞붙은 그날 바둑은
돌을 가려 미미의 흑번으로 사뭇 엄숙하게 진행되었는데,

이창후 명인(?)은 과연 명인답게 철저한 반전무인이었어.

손녀뻘이 될까 말까 한 미미를 결코 특별한 적으로 의식하지 않는 거야.

그래서 나는 되레 더 겁이 났다.

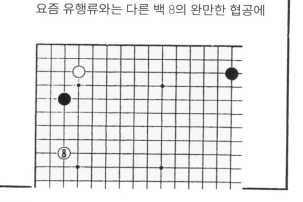

요즘 유행류와는 다른 백 8의 완만한 협공에

미미는 가만히 흑돌 한 개를 집어

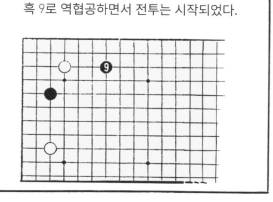

흑 9로 역협공하면서 전투는 시작되었다.

판돈이 판돈인지라
뭔가 초장부터 왕창 붙을 것 같던 바둑은 뜻밖으로

응? 뭐야 저게!

그냥 싱겁게(?) 백은 10으로 마늘모, 흑도 째째하게 11.
말하자면 서로 신중한 탐색전이야.

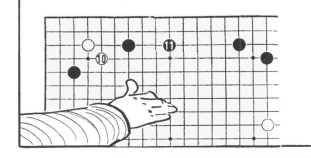

정작 때 이른 두뇌 싸움은 백이
우하귀를 12로 걸쳐 갔을 때부터.

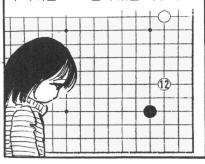

미미는 별로 생각지도 않고
흑 13으로 받았고

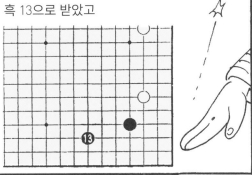

백은 즉각 3 · 3에 뛰어들고

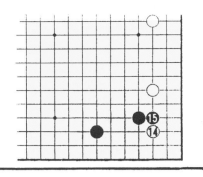

노타임으로 백 18까지 진행되었는데
뭐 그 뒤야 뻔한 거 아니겠어.

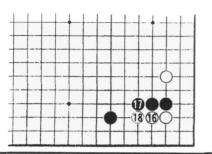

당연히 흑 1로 꽉 치받고, 이하 백 10까지.
이 정도는 나도 달달 외우는 그림이야.

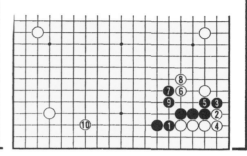

그런데 미미는 한참 궁리를 하더니 그렇게 두지 않은 거야.

무걸 생각하는 거야?
뻔한데서……

엉뚱하게도 흑 19로 쭉 뻗은 거야.
(이런 수도 있는지 조훈현 국수한테 한번 문의해 봐야지.)

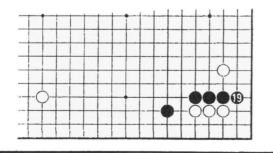

순간 금융계의 킬러 L 씨는
찡긋 한 번 웃더니

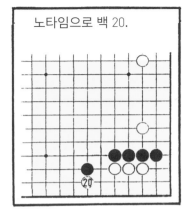

노타임으로 백 20.

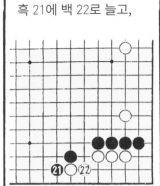

흑 21에 백 22로 늘고,

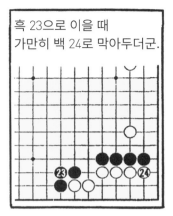

흑 23으로 이을 때
가만히 백 24로 막아두더군.

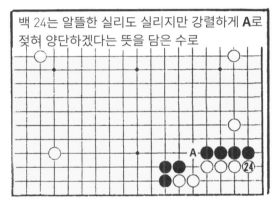

백 24는 알뜰한 실리도 실리지만 강렬하게 **A**로
젖혀 양단하겠다는 뜻을 담은 수로

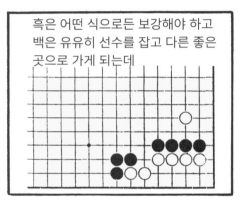

흑은 어떤 식으로든 보강해야 하고
백은 유유히 선수를 잡고 다른 좋은
곳으로 가게 되는데

미미는 그 당연한 대목에서
쓸데없이(?) 장고를 하더니….

뭐해?
지킬건
지키고
봐야지
!

음?

에그머니나, 이 계집애 좀 봐! 간도 크게 손을 빼고.

어!

으잉!

아니, 얘가 무어하는 거야?

대담하게 미미는 흑 25로 벌렸다. 조그만 게 배짱도 좋지.
싸움에 자신 있으면 **A**로 젖혀 봐라! 올 테면 와라! 이거야.

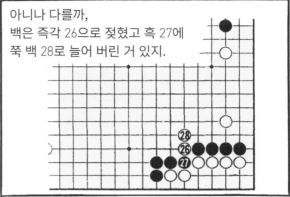

아니나 다를까,
백은 즉각 26으로 젖혔고 흑 27에
쭉 백 28로 늘어 버린 거 있지.

갑자기 백만 원 다발이
흐트러지는 느낌이 들었어.

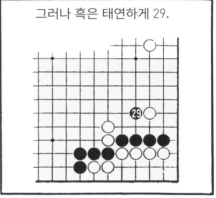

그러나 흑은 태연하게 29.

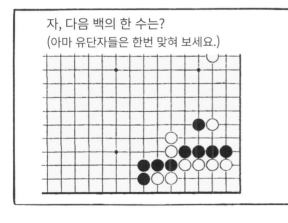

자, 다음 백의 한 수는?
(아마 유단자들은 한번 맞혀 보세요.)

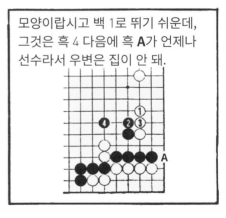

모양이랍시고 백 1로 뛰기 쉬운데,
그것은 흑 4 다음에 흑 A가 언제나
선수라서 우변은 집이 안 돼.

백은

백 30으로 슬쩍 비끼는 이 한 수뿐이다.
(젖힌다든가 느는 것은 모두 악수.)

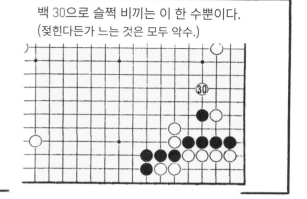

따라서 흑 31은 급소.
(여기서도 젖히면 안 된다.)

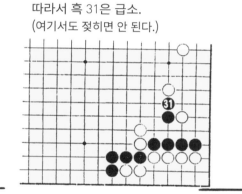

그렇다고 백도 덜컥 막는 것은
흑에게 리듬을 빼앗긴다.

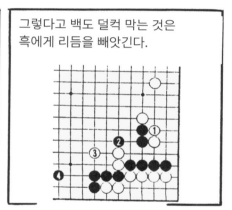

백은 일단 32로 먼저 뛰어 동태를
살피는 게 잘 두는 바둑인 거야.

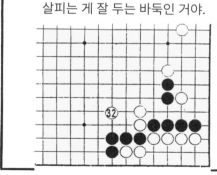

역시
뛰어 두시나?

저거 뭐가
어떻게 되는
거야?

흑 33은 요소로, 이 자리를 백한테 얻어맞아서는 흑의 전도가 고달파.

하지만 내가 흑이면,

인생 사는게 다 고달픈거지. 휘파람 불어가며 이겨가는 바둑이 어딨어?

즉, 나라면 삼수갑산을 가더라도
흑 1로 빠져 두고, 백 2에는 흑 3.

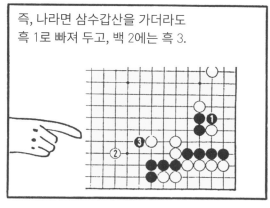

이하 흑 15까지.
이렇게 못 두라는 법이 어딨어.
그저 현찰(실리)이 장땡이지!

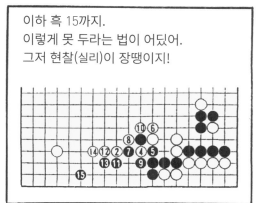

그러나 실전에서 미미는 뭘 믿고 그러는지
태연하게

내가 나가고 싶어 죽겠다는 자리(백 34)를
백에게 허용하고,

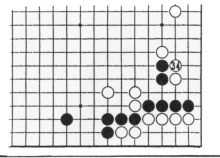

흑 35, 37. 곤마끼리
사이좋게 동행하자는 식의 행마인 거 있지.

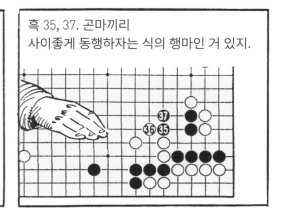

나중에 알았지만, 미미라는 여인(?)의 기풍은 형태를 되도록
결정짓지 않고 두는 음흉함에 강한 맛이 있더군.

깍쟁이
기집애 !

조그만 게 야물딱지기도 하지.
어쩜 고렇게 바둑을 잘 둘 수가 있담.

그러고 보면 오늘날의 세상은
조그만 것들의 전성 시대인가 봐.

조그만 새들의 행마에 따라
환경 오염이 측정되는 거 봐.

또, 엄청 큰 러시아는 가난해도
조그만 일본은 얼마나 쩐이 많아.

또, 인류 절멸을 노리는 에이즈 균이니 불치의 에볼라 균이니 모두
육안으로 식별할 수 없는 조그만 것들이지.

또, 옛 정석 사전에도 작은 고추가 매운 고추,
큰 고추는 띨띨이 고추.

각종 첨단 기기들을 봐도
비싼 건 전부 조그맣지.

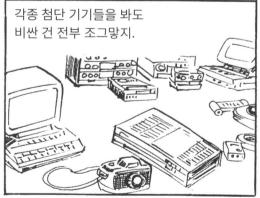

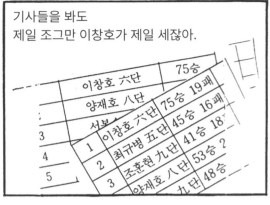

어느새 아래쪽 흑 6점이 죽어,
미미가 불리한 거 있지.

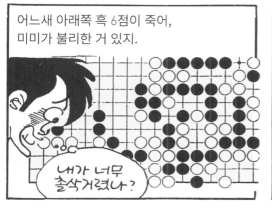

미미는 잠시 뜸을 들이다가 좌상귀 공세에
나섰는데, 백은 가볍게 2.

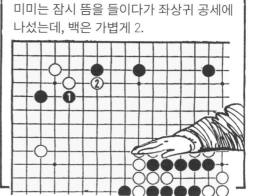

그러나 흑 3, 백 4, 흑 5, 백 6을 교환한 미미는 기세 좋게 흑 7로
마치 하수 다루는 식으로 백 한 점을 씌워 갔어.
아닌 게 아니라 흑은 여기서 한 건 하지 않으면 집에서 근소하게 밀리는 형국이야.

자! 과연 백은 외로운 백 한 점을 어떻게 수습할 것인가?

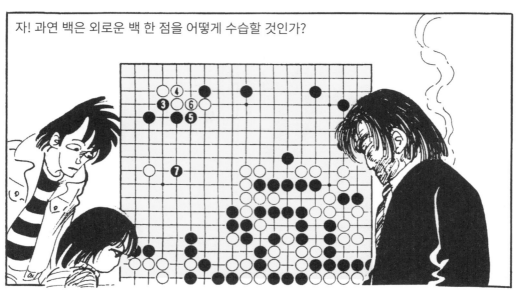

미미는 흑 7 모자를 씌워 놓고 눈을 지그시 감고 있었고

판 위에는 야릇한 침묵이 흐르고 있었다.

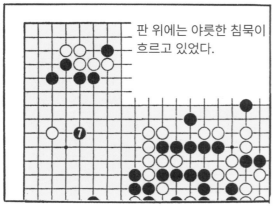

나는 그 침묵의 무게에 눌려 숨을 죽이고 다음 착점을 기다렸다.

그러나 고민에 빠진 줄만 알았던 금융계 킬러 L 씨는
맛좋게 담배 한 모금을 빨더니

"짤그락!" 하고
백돌 한 개를 집어

위기(?)에 처한 백 한 점을
구할 생각은 않고
태연히 백 8.

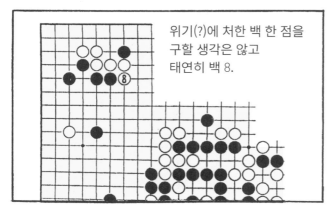

오잉?
그쪽 한점을 손을 빼?

그러자 미미는 잠시 생각하더니

그쪽은 쳐다보지도 않고
흑 9로 한 점을 에워쌌다.

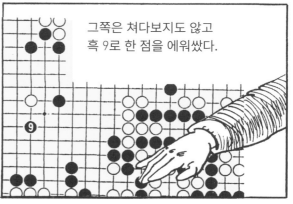

자, 과연 고립된 백 한 점은 어떻게 되는가?
이 돌의 수습 여하에 따라 이 돌에 대한 공격으로 생기는
부수 이익에 의해 형세가 결정되는 이른바 승부처야.

그러나 결과론이지만
흑 9로는 먼저 흑 1로 뛰고

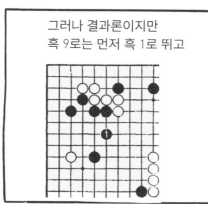

백이 2에서 6 할 때, 비로소 흑 7로 잡는 수가
쉬운 길이었는지 몰라.

맞아
저게 무려
몇집이야?

그러면 백은 A쯤으로 가 B로 굴복시키고

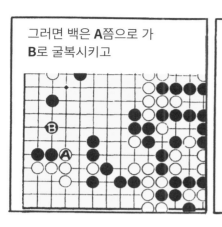

다시 위쪽으로 집을 줄여 놓고 백 12로 뛰어드는 바둑이 되는데, 전국 유단자 선생들의 견해는?

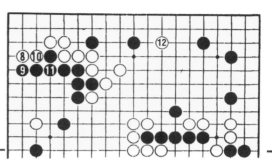

서로가 승부처임을 직감했는지 두 사람은 시간을 물 쓰듯 했는데

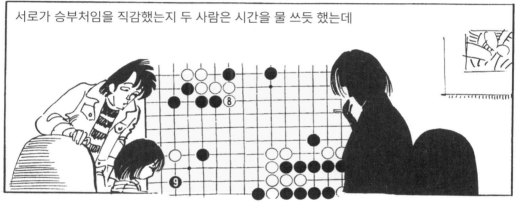

L 씨는 수읽기가 끝났다는 듯 자신만만한 손놀림으로 백 14를 들여다보고 백 16으로 붙여 타개하기 시작했다.

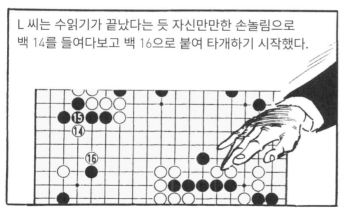

미미는 미미대로 뭔가 한 건 엮었다는 듯이

노타임 흑 17. 아닌 게 아니라 백이 과연 살 수 있을까 싶은 신나는 장면이다.

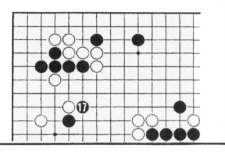

그러나 사실은 그 수가 경솔한 수로 바둑을 끝낼 수 있는 결정타가 있었지 뭐야.

즉, 흑 17이 아니고 반대 방향으로 젖히고

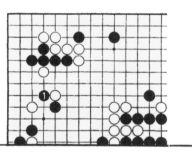

어때? 좌변을 살려 주더라도

즉, 다음과 같이!

가운데가 몽땅 들어가서는 백이 거의 끝장 아니겠어?

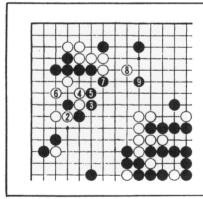

어때?

그러나 미미는 그런 사실을
아는지 모르는지

백이 18로 비집고 나오려 하자

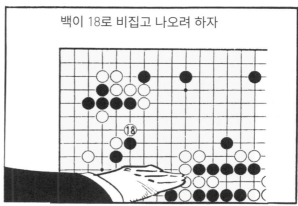

흑 19로 끊고, 백 20에

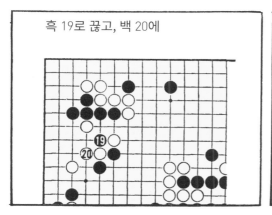

이번에는 흑 21로 젖혔다.

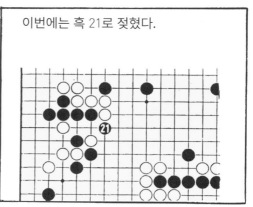

백 22와 흑 23은 필연이고

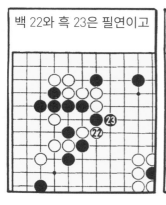

백이 기분 좋게 24로
끊었을 때

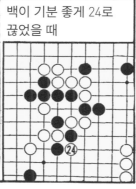

미미는 가운데를 두다 말고
귀 쪽을 흑 25로 젖혔다.

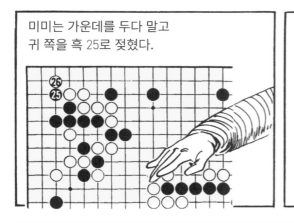

그래 놓고 다시 흑 27.
백도 28로 안 나올 수 없지.

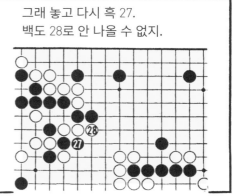

그 다음으로 돌 소리도 야무지게 흑 29.

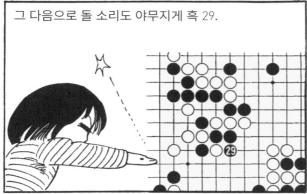

백은 30을 안 할 수 없고
(여기를 끊지 않고는 아무 싸움도 안 되지.)

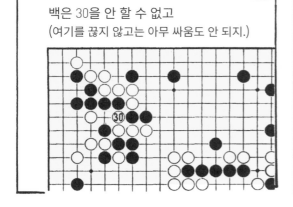

그러나 흑도 단호하게 31.

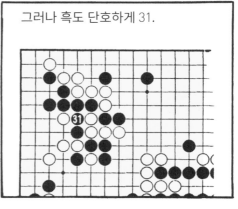

앗, 그제야 바둑은 '둘 중에 하나'가
현실로 성큼 다가오는 듯 했다.

내 마음은 이미 거금 백만 원을 움켜쥐고
룸살롱으로 가 있었다.

자, 과연 좌상귀 쪽의 싸움은 어찌 되는가? 언뜻 보면 백이 동강동강 끊긴 것 같지만 잘 보면 흑 6점도 그리 튼튼해 보이지 않음을 알 수 있다.

다시 한 번 판을 잘 보자.

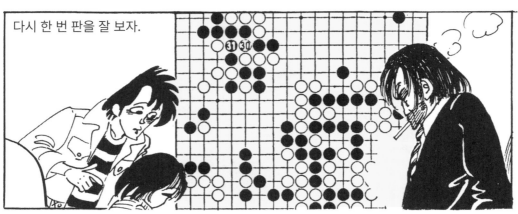

백이 여기서 알기 쉽게 백 1로 두 점을
몰면, 흑은 2로 빠지지 않을 수 없고,
이하 백 13까지면
이른바 '지금부터의 바둑'이었다.

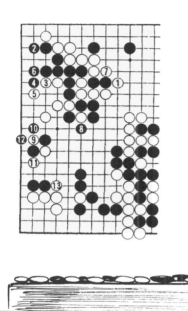

그랬는데 금융계의 킬러 L 씨는 무엇을
착각했는지 그답지 않게 덥석 돌부터 집어들더니

예리한(?) 급소 백 32 자리로 갔다.
흑 33을 부른 바로 그 한 수가 패착이었다.

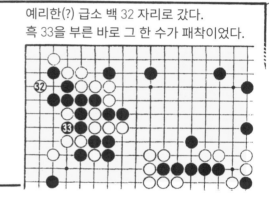

오잉?

그 순간 우리는 이심전심 침을 꼴깍 삼키며

어떻게
되는거야?

쉿!

그 다음은 거의 외길 수순으로
백 34에 흑 35는 절대.

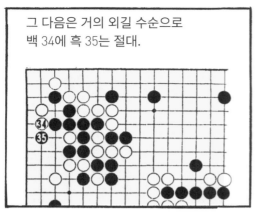

백은 계속해서 백 36으로 끊었는데
흑 37이 좋은 수로 백은 두 점을
먹긴 먹되 자충 상태다.

미미는 그래 놓고 유유히 흑 39로
반쯤 죽어 있던 흑 두 마리를 끌어 냈는데

응?
저렇게 되면
백은?

다 같이 미미 꼬마의 이 수순을
음미해 보기 바란다.

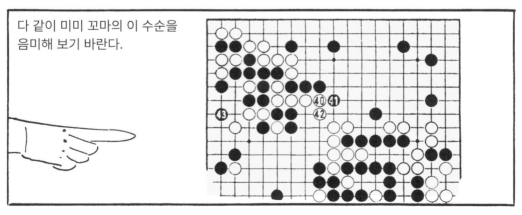

당장 장문이니 백 40으로 안 나올 수 없고, 흑 41 한 방에 울면서 백 42로 굴복.
그래 놓고 흑 43 하니, 이제는 백 몇 점이 문제가 아니고
좌변과 중앙이 졸지에 빈사 상태인 거 있지. 이른바 '양곤마'.

진짜 둘중 하나 잖아!

끄흐흐! 왜 아니 겠어요!

물론 거대한 백 대마가 죽지야 않겠지만,
그 큰 말이 두 집 걱정을 하다 보면

상변 흑진이 힘 하나 안 들이고 고스란히
집으로 굳어진다, 이거 아니겠어.

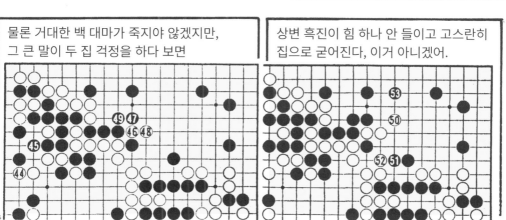

실제로 그 바둑은 그렇게 되었고

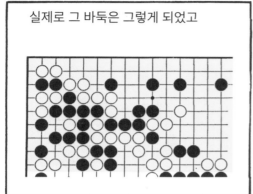

50여 수 더 진행되었지만
결국 미미의 불계승으로 종을 쳤다.

졌어 !

그 대마가
두집내고 살기
바빠서는……

아시네 !

L 씨는 아무 말 없이 10분 이상을 돌로 빼곡한 바둑판을 응시하고 있었는데

검정 양복 바지 위로 무심한 담뱃재가
툭툭 떨어지고 있더군.

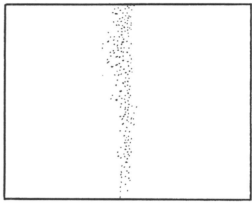

그는 그제야 잠에서 깨어난 사람처럼
지갑을 꺼내더니

백만 냥짜리 수표 한 장을 꺼내 놓고
홀연히 사라졌다.

뭐야?
그만 두겠
다는건가?

아니 화장실을 간거야? 저 양반 분명히 3백 승부 정도 하겠는데.

순간 M 대리가 번개같이 바둑판을 들추는 게 아닌가! 이 양반이 또 뭘 하나 했더니….

응?

엄마야, 판 밑에서 수표 4백을 따로 발굴해 낸 거 있지.

그건 또 뭐죠?

몰라도 돼!

세상에! M 대리는 기본 타이틀 백만 냥 외에
따로 2백씩 나 몰래 걸었던 거지 뭐야.

그럼 M대리는 바둑 한판으로 3백을……

그래서 지금 그 200을 털도 안뽑고 다 짭짭하겠다 이겁니까?

말조심 해! 짭짭이 뭐야!

그렇게 몰래 따로 불로소득을 올릴수가 있는겁니까?

어디가 불로소득이야? 본방 백에 합이 3백 걸어놓고 얼마나 똥줄이 탔는데

다섯 살짜리 애 앞에서 어른들이 한심도 하지.

우리는 어린 선수 옆에서 그렇게
30분 간이나 티격태격

내 침이 더 잘 튀나, 네 침이 더 잘 튀나 싸웠고

결국 M 대리가 크게(?) 선심 써

좋아!
너희는 두 식구
니까 내가
양보하지!

총수입 3백만 냥 중에서
야전에서 싸운 미미에게 50,

50萬

물주인 M 대리가 180,

꼽사리 매니저인
나한테 70.

즉, 그날의 우리 배당금은
모두 120만 냥이었더라 이거야.

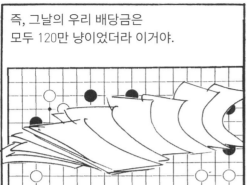

어찌 보면 바둑 한 판 때리고 제법 빵빵한
수입이기도 해. 세금도 없고.

나는 미미를 데리고 실내 포장집
비스무리한 데로 들어가

소주와 닭 불고기를 시켰는데

바둑 둘 때에는 표정이 없던 애가
나랑 술자리만 하면 그렇게 즐거워할 수가
없는 거 있지.

도대체 조물주 아자씨 솜씨는 절묘도 하지.

요런 쥐방울만 한 꼬맹이가
바둑은 어찌 그리 영감 같이 둘 수가!

너무
맛있다

요런 참새 대가리
고사리 손목에서

바둑의 행마는
어찌 그리 힘이 넘치고 매서울까?

야,
이미미!

왜~?

택시 안타고 그냥 걸어서 갈거야? 나 다리 아픈데‥‥

택시 태워줄게! 제일 비싼 모범택시 태워줄게!

정말?

되잖게 선한얼굴 해 가지고 국민을 위한답네 하면서 뒤로 투기나 하는 일부 정치인행세 나는 생리적으로 싫고!

응??

무슨 말이야? 그게?

이왕이렇게 된거 우리 탁 까놓고 말하자.

그게 먼데?

무걸 탁 까?

이거 50만원 미미 니 몫이니까 받아 빨랑.

싫어! 나 그렇게 많은 돈 필요없는데.

이걸 받아야 우리는 공생관계가 이뤄지는 거야!

시… 싫어 공산당은!

공산당이 아니고 공생!

하여간 싫어! 난 그냥 바둑둬서 이기고 아찌랑 극장가고 닭발 사먹고 노는게 좋아.

아찌 너땜에 취직시험 다 포기했어!

왜?

이게 빠삭하게 암시롱 엉까고 있어! 지금부터 아찌가 하는 말 똑똑히 잘 들어.

나 있지 ……

미미 너 알기 전까지 내 여성관이 어떤 건지 아냐?

여성관이 뭔데?

여성관……

에… 또 뭐라고 번역(?)을 해야 옳을까?

아저씨도 잘 모르는구나!

내가 마누라 감으로 찾던 여자 말이야!

아직 좋아하는 여자 뻔하지 뭐! 얼굴 예쁘고 늘씬하고 책 많이 읽고 화 얼른 안내고…

한 때는 그랬지.

하지만 변했어. 이상형이고 지랄이고 다 필요없어.

왜?

난 있지…. 난 다 필요없고 있지….

누구 엿듣는 사람 없지?

난 있지, 난 그냥 이창호같은 애만 하나 확실히 낳아줄 수 있는 여자면 돼.

이창호같은 애?

그날, 내가 어린애를 놓고 어렵사리 깐 이빨을 정리하면 이래.

너는 백 년에 한 명 날까 말까 한 천재 중의 천재다.

학교에 갈 것 없이 바둑만 두어라.
그게 신이 정해 준 너의 길이다.

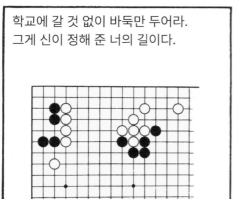

내기 바둑 주선은 물론 모든 뒤치다꺼리를
해 줄 테니

그저그저 이겨서 함께 쩐을 챙기자!

대신 수입의 50%는 책임지고 은행에 적립시켜
줄 테니 나를 믿어라.

으 때?

아쩌지는 참
이상하다.

왜 계속
돈 얘기만
해?

이런 바보!
바둑 두는 애가 왜
이리 무걸 몰라.

너 요석이 뭔지 알지? 인생살이에서는 최고 요석이 돈이란 말이야 돈!

그래서 아저씨가 요석 다 가지라 그러지 않았어.

요석(要石)….

아 물론 요석을 내가 다 가지는 것도 좋지, 좋기야.

그럼 가져! 우리 저기 가서 만두 먹자!

이 바보야! 땅하고 전이란건 혼자만 너무 많이 챙기면 나중에 말썽이 나는 수가 있단 말이야.

왜? 내가 요담에 경찰서 가서 아저씨 고발할까 봐서?

꼭 고발을 한다기 보다

이 아해야!

세상에는 분배의 원칙이란 게 있어.

바둑에는 그르거 없어!

바둑은 공평하게 나눠서 두면 져! 독차지를 해야 이겨!

바둑은 되도록 많이 몰래 노려서 크게 무더기로 잡아 먹어야 이겨.

그건 바둑이고!

까불지 말고 챙길수 있을때 많이 챙겨! 계가는 나중에 하고.

너 나를 도둑놈 만들 심산이냐?

남자는 원래 다 도둑인거야. 아니, 요즘은 여자도 !

이 꼬딱지만 한 기집애 말하는 것 좀 봐.

모두 도둑이야!

아저씨 왜 자꾸 바보같이 굴구 그래? 혼자 돈 다 가지라는데 !

그게 글쎄 이 바보야!

수가 났는데 군소리 할 시간이 어딨어? 얼른 단수치고 돌을 들어내면 되는거지.

싸움 못하는 물바둑들이 바둑 두다 말고 쓸데없이 계가 해 본다고 야단이지 ! 수가 나는데 무슨 계가 ! 무슨 형세판단 !

이 바보야! 가끔가다가 판 전체를 두루 두루 ....

아무 필요없는 시간낭비야! 눈만 아파!

그게 그렇게 아냐. 이 계집애 야!

강공을 펼 것인가 타협을 할 것인가 파호부터 할 것인가 그냥 두고 집바둑으로 나갈것인가

그렇게 다 추위를 타가지고 꽁지를 내리는 구실이란거야.

이 것아! 꽁지를 내려서 이길 수 있다면 즐겁게 꽁지를 내려야지!

수 차이가 너무 나는 하수라 역시 말이 안통하는군.

어! 이봐!

야

진짜는 스물몇살 어른인데 발육장애증 같은 병이 걸려갖고 껍데기만 애인 거냐?

깔지 마.

아니면 그 뭣이냐, 공포영화 같은데 나오는…… 악령이 들어가 가지고…

그래, 이 꼬마는 악령 아니면 전설에 등장하는 도깨비인지도 몰라.

그 증거로 첫째,
특별히 사사 받은 적도 없는 5살짜리 꼬마가
어떻게 그렇게 바둑이 셀 수가 있어?

둘째, 바둑만이 아니고 말하는 것,
생각하는 것이 어른 찜쪄 먹지.

셋째, 실은 이 셋째가 결정타인 것이

그 왜 도깨비랑 친하면
돈 같은 걸 막 갖다 주잖아?

얘가 지금 내기 바둑으로
돈을 억수로 만지게 해 주잖아.

그래 맞아!

거기에다 자기는 한 푼도 안 가지고
나 다 먹으라니….

진짜로
도깨비 종류가?

물론 반쯤은 농담성 추리이긴 하지만

무 생각해?
좋지도 않은
머리 가지고…

나는 문득문득 모골이 송연했던 것이, 바로 그날 밤도

달호냐~?

저녁은 어쨌냐는 엄마의 손에 수표 몇 장을 쥐어 드리고

곧바로 미미를 재우러 내 방으로 가
(선수의 건강 관리가 중요하니까)

미미 자리를 봐 주고
나도 곧 담요 자락을 끌어 당겼는데

그때가 새벽 두 시쯤 됐을까?

오밤중에 나이트메어도 아니고, 이건 또 뭐야?

그만 자구 일루 와 봐.

요거 한번 풀어 봐. 빨랑!

아니 이게 ....

인간이 밤이면 잠을 자야지, 아닌 밤중에 무슨 묘수풀이!

설사 잠이 안와 바둑을 둬도 그렇지. 내가 너랑 상대가 되냐?

그래서 문제를 낸거야.

그래서 문제를 내다니???

아찌는 도대체 관전매너 조차 기본이 안돼갖고 누구편인지 모르겠어.

무슨 매너?

이게 어뭔 덤터기 씌운 다고 난리네 ! 내가 너 내기판 둘때마다 얼마나, 얼마나 가슴을 졸이면서 눈물겨운 응원을 보내는데 !

당연히 응원을 보내겠지. 그럼 자기 선수가 지기를 바라겠니?

그런데 !?

응원은 응원인데 바둑 형세 돌아가는 걸 통 몰라가지고……

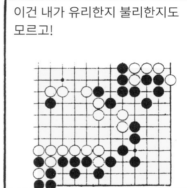

이건 내가 유리한지 불리한지도 모르고!

내가?

그래!

내가 정작 위기에 몰렸을 때에는 희색이 만면하고,

으흐흐 룸살롱……

적이 내 올가미에 걸려들어
이제 곧 승부가 나겠구나 싶을 때에는

저거 뭐 저래?
집이 별로 없잖아.
이거 큰~일 났는데!

내가?
아냐 아! 내 검토가
얼마나 권위가
있는데!

너무 너무
정확히 거꾸로
짚어서 나
어려웠단 말
이야!

그래서 매일
조금씩 공부 좀 시켜
야 되겠어.
요리 와!

자는 놈 깨워 미미가 내놓은 문제는
이런 간단 무쌍한 것이었는데

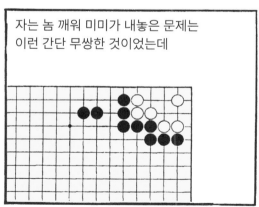

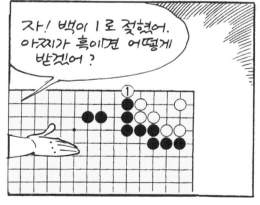

자! 백이 1로 젖혔어.
아직가 흑이면 어떻게
받겠어?

145

무하고 있어?

알았어 알았어!

이건 뺏어먹을! 내가 바둑이 좀 약하다 약하다 하니까 이게 사람을 무럭로 보고…

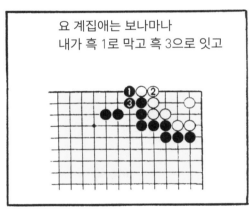

요 계집애는 보나마나 내가 흑 1로 막고 흑 3으로 잇고

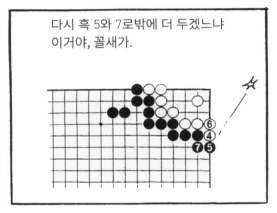

다시 흑 5와 7로밖에 더 두겠느냐 이거야, 꼴새가.

하지만 사람을 한참 잘못 봤지. 헹! 헹! 헹!

자! 어떻게 받을거야?

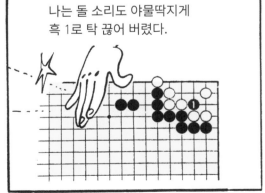

나는 돌 소리도 야물딱지게 흑 1로 탁 끊어 버렸다.

백이 2로 몰면 기분 좋게 흑 3으로 선수하고,
비로소 흑 5와 7.
이거야 족보에 나와 있는 끝내기 요령 아닌가!

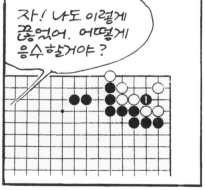

147

가…가만!
백한테 더 기똥찬
묘수가 있잖아!

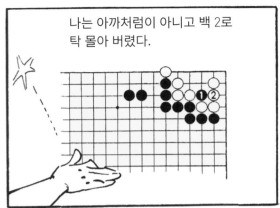

나는 아까처럼이 아니고 백 2로
탁 몰아 버렸다.

으때? 아까같은 선수
젖힘도 방지하고.
이게 바로 평범 속의
비범 아니겠냐!

그래?
거기를 그렇게
몰았어?

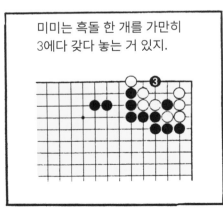

미미는 흑돌 한 개를 가만히
3에다 갖다 놓는 거 있지.

백 4로 덜컥 이었다가는 흑 5로 자충.
백 몰살이야.

결국 백 4밖에 없고, 비로소 흑 5로
막으니, 이런 쌍! 이을 수가 있나!

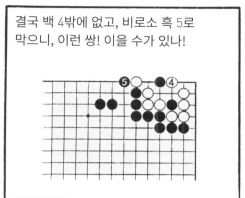

그…그런
수가 있었어
?

출삭댈줄
이나 알았지

오밤중에 쪽이 팔릴 대로 팔린 나는….

끄흐흐흐흑!
자다가 말고 꼬딱지만
한 애한테 이 무슨
개망신!

입 다물어!
뭐 떠들자격
있다고.

그러나 나는 날카롭게(?) 변명했다.

야! 이딴 문제
잘 푼다고 바둑
잘 두냐?

이건 바보!
이런데서 잔수가
밝아야 힘이 세다
소리를 듣는거야.

그러나 이런 제기랄!
그 새벽의 그 바둑은

내 생애 가장 많은 알갱이를 잡아먹힌
기록적인 한 판이 된 거 있지.

이건 도대체 귀신이 곡을 할 노릇인 것이,
아, 글쎄 이런 모양이 생겼는데

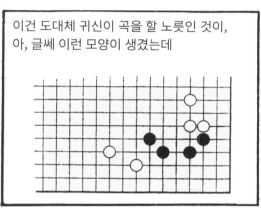

백 날 일자 한 방을 맞고부터
어찌어찌 헤매다가 흑말이 전부 죽은 거야.

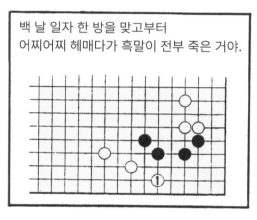

나는 처음 모양을 갖춘답시고 흑 1로 날씬하게
받았더니, 계집애가 즉시 백 2.

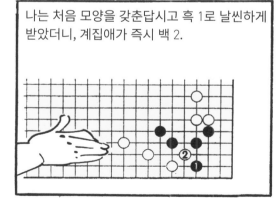

흑이 만약 위로 이으면, 보나마나 백 2
들여다보고 백 4 할 것이라.
나는 그게 싫어서

흑 3 쪽으로 이었지.
아, 그런데 요것이 백 4로 젖혀 백 6으로
모니 이을 수가 있나? 허리가 끊기는데.

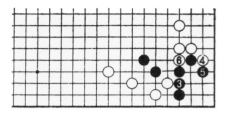

그래, 할 수 없이 흑 7로 연결했더니
백 8로 따먹더군. 그런데 이 덩치가
아직 두 집이 없는 거라.

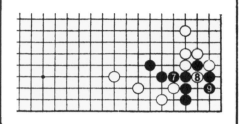

바둑알 열몇 개를 들어내고
나는 다시 흑 1로 견실하게 두었는데

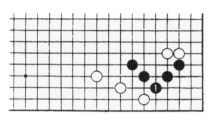

아, 이게 또 백 2로 톡 뛰어들어오니
응수가 없는 거 있지.

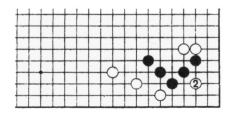

나는 다시 넉살좋게 무른 다음,
필쟁의 묘수 흑 1을 겨우 발견하고
한숨 돌렸는데

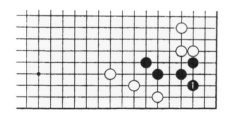

이런 쌍! 역시 백 2로 톡 뛰고
백 4, 6 하니 아직 확실한 두 집이
안 되는 거라.

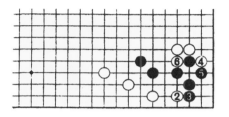

정수는 흑 1이더구만.
나는 왜 그 쉬운 수를 못 본담.

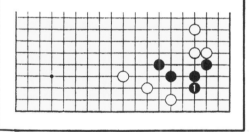

그러나 바둑이 몇십 수 더 진행된 어느
시점에서, 아, 이 계집애가 다시
그 자리를 노려 뜨악 노려보더니

백 2로 붙이고, 흑 3 할 때, 백 4.
흑 5로 안 이을 수 있나.

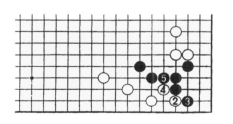

그래 놓고 슬그머니 백 6으로 껴 붙이니,
단박에 뭐가 된 거 있지.

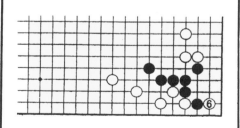

이건 안돼! 분명히 정수로 지켜놨는데 어떻게 수가 날수가 있어?

글쎄……

나는 그날 비로소 알았어.
정수니 강수니 묘수니 하는 그 모든 것이 말짱 허구임을.

적어도 고수 앞에서는 백약이 통하지 않는다는 것을 나는 몸으로 배운 것이야.

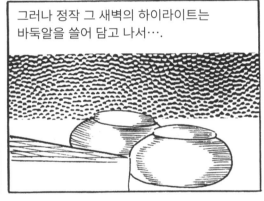

그러나 정작 그 새벽의 하이라이트는 바둑알을 쓸어 담고 나서….

어딜 드러눕고 난려야! 일어나! 일어나!

응? 또 뭐야?

아직도 개혁을 좀 해.

이건 또 무슨 까마귀 겨드랑 긁는 소리야?

바둑이 빨리 느는 법을 내가 가르쳐 줘?

응!

책을 많이 보고 실전경험을 많이 쌓는 것도 중요하지만 그 전에

자기 바둑 수준이 얼마나 밑바닥인가를 먼저 깨닫는게 중요 해.

이 고역지만 한 게 또 사람 큼고 이래. 맞구 싶어서....

좋은 여자 만나 장가들구 싶어?

시끄러!

어서 잠이나 자! 못된 기지배!

좋은 여자 만나는 수순은 자기도 좋은 남자가 되는거야.

조훈현 이창호들과 맞두고 싶으면 자기도 같이 프로기사가 되는 수밖에 더 있겠어?

알았습니다 싸부님. 그러니까 좋은여자를 만나는 지름길은……

그거 아주 쉬워.

자기가 얼마나 나쁜남자 인가를 깨달으면 우선 입단한거야.

이런 쌍!

도대체 요즘 남자들은 자기 꼬라지를 몰라.

그래서 네가 보시기에 내 꼬라지는 어떤것 같냐?

저기 있네.

이게 뭐야? 내가 이렇게 막강한 세력으로 적을 에워싸고 있냐?

흑이 아니고 아직가 백이야.

응? 백이면?

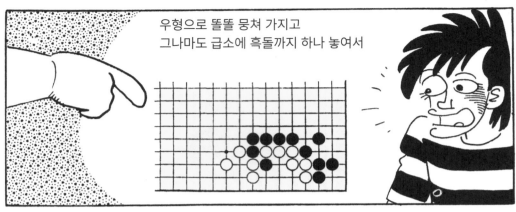

우형으로 똘똘 뭉쳐 가지고
그나마도 급소에 흑돌까지 하나 놓여서

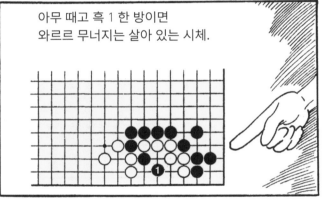

아무 때고 흑 1 한 방이면
와르르 무너지는 살아 있는 시체.

거기다 더욱
비극은……

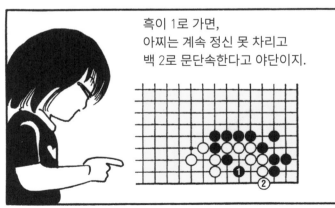

흑이 1로 가면,
아찌는 계속 정신 못 차리고
백 2로 문단속한다고 야단이지.

당연하지!
뼈 빠지게 지은
내집인데!

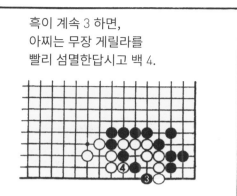

흑이 계속 3 하면,
아찌는 무장 게릴라를
빨리 섬멸한답시고 백 4.

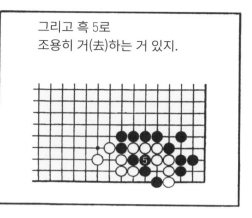

그리고 흑 5로
조용히 거(去)하는 거 있지.

아니 어쩜
아찌 기풍으로 보아
그 쪽으로 몰지 않고

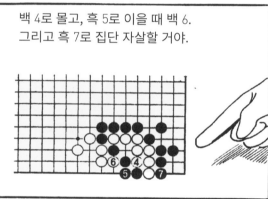

백 4로 몰고, 흑 5로 이을 때 백 6.
그리고 흑 7로 집단 자살할 거야.

계집애가 혼자 북
치고 장고치고 다 하네!
그래 너 잘 빠졌다!

툭하면 화
내고 소리 하나
는 잘 지르지.

그래서 지금 도대체
과인한테 무슨 말씀
을 피력코저 하는
거야?

백은 애초에 이런 모양을
만들지 말았어야 했고

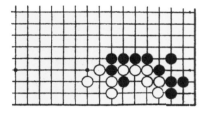

피치 못해 우형이 생겼다면
빨리 가일수를 했어야지.

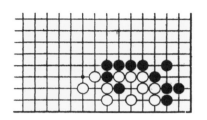

그런데 아찌는
구제불능인 것이,
혹시 아찌「그밥에
그 나물」이라는 말
알아?

무슨 밥에
무슨 나물?

아찌랑 같이 두는 상대방도 이 모양에서
그냥 흑 1, 3으로 젖혀 잇고,
백도 4로 가일수하고

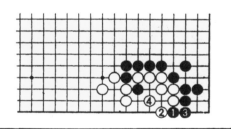

아무 일 없었다는 듯 다시 세상은
고요히 굴러가는 거 있지.
우리 사회 전반이 다 그랬어.

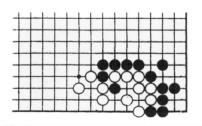

아움~
졸려!

이놈의 계집애가 사람
열받아 잠 달아나게
해놓고 저만 졸려?

참, 아찌!

돈 얼마쯤 있어? 오늘쯤 전화 올 텐데.

앗! 진짜로 초새벽에 웬 전화가!

따르르릉

네, 여보세요. 아, 네! 네! 네네!

내 말 맞지?

미미한테 불각(不覺)의 1패를 당한 금융계의 킬러 L 씨.

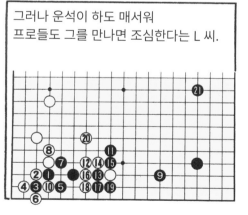

그러나 운석이 하도 매서워 프로들도 그를 만나면 조심한다는 L 씨.

아니나 다를까, 한 번의 실족으로 물러날 위인은 결코 아니었다. 그는 다시 돌아왔다.

L 씨와 두 번째 만남은 의외로 빨라

물론 언제라도 저희는……

우리가 3백만 냥을 따먹은 바로 그 다음날 호출(?)을 받았는데

아침 역시 말입니까?

아! 이 애늙은이가 다시 또

아찌 돈 모두 얼마 있어?

왜 자꾸 돈돈 하고 그래? 매니저가 어련히 알아서 할까봐!

글쎄, 모두얼마 있냐말 이야!

하여간 많이 있어.

그럼 그거 다 걸어! 더 걸수 있으면 더 걸수 있는대로 몽땅 다!

그 사람 명색이 은행가의 명인으로 군림하는데, 너 그렇게 자신이 있냐?

자신은 없어.

무엇! 자신도 없으면서 있는대로 돈을 걸라는 거냐?

나는 자신 없어도 그 사람은 오늘 돈을 잃게 돼 있어.

어떻게?

아까 무협소설 더게 좋아 하지?

???

거기 나오는 당대 고수가 다른 고수랑 싸워서 지면 어떻게 해?

싸워서 지면 물 가는 거지 뭘 어떻게 해?

진짜 고수는 상처를 치료하면서 패인을 분석하고 연구를 하는 법이야.

그러니까 ㄴ씨는 ·····

다음날 제시닥 복수전 하자고 전화거는 수준 이면 고수는 아냐. 감정은 풍부해도···

감정이 풍부하면 예술가로는 어떨지 몰라도 승부하는데는 그리 이롭지 않아요.

그럴까? 정말 그럴까?

제발 그랬으면 오죽이나 좋을까?
나는 아연 들떠.

판 앞에 정좌한 L 씨가 손가락 셋을
펴 보였을 때

간도 크게 하나를 더 보태
손가락 넷을 펴 보였다.

쩨쩨하게
셋이 뭐야.
안두고 말지
....

그러나 L 씨는
오히려 더 흔쾌히 수락하는 거 있지.

좋으실대로.

솔직히 고백컨대, 나는 그때 4백은커녕
호주머니에 2백 남짓 있었다.

그럼에도 내가 용감 무쌍할 수 있었던 이유는 결코 미미 바둑에 대한 신뢰 때문이 아냐.

정직하게 그것은 무식과 몰매너성 똥배짱이었다.

어찌 어찌 되겠지 뭐.

만약에 미미가 덜컥 지기라도 하면 어쩌냐고?

거 뭐 어렵나? 대포는 뒀다가 국 끓여 먹어?

가진게 이게 다야. 싫으면 배 째라!

별렁

훗날 알았지만, 실제로 그런 행마를 하는 날에는 내기 동네에서 영구 매장이라는군.

그러나 무지 찬란했던 이 몸은 과감하게 밀어붙였어.

못먹어도 고!

구국을 외치던 숱한 혁명가들이
그랬듯이

나는 다리 건설해서 나중에 무너지는 것을
두려워하지 않았다.

이윽고 돌을 가렸는데
미미가 맞추지를 못해 백.

그 순간, 일말의 불안이 잠자리처럼
어른거리는 것을

나는 파리채로 탁 쫓아 냈다.

잠시 묵상에 잠겼던 L 씨가 이윽고

첫점을 소목(小目)에 착수하면서
내 머리털 나고 최고로 쇳가루 많이 걸린 판이 시작되었다.

돈이 많이 걸린 탓인지 그날 바둑은 초반부터 쌍방이 기름을 짜듯 온갖 꾀와 술수를 다 짜내고
있었는데, 미미의 백 2 화점에 L 씨는 흑 3 외목.

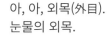
아, 아, 외목(外目).
눈물의 외목.

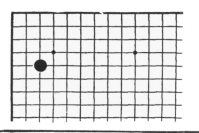

늘 내 두 손목을 철사줄로 꽁꽁 묶는
미아리 고개를 닮은 외목.

그런 수가
있었어?

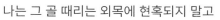
나는 그 골 때리는 외목에 현혹되지 말고

요즘 한창 히트 치는 2연성으로 나가라고
무언의 훈수를 보냈는데

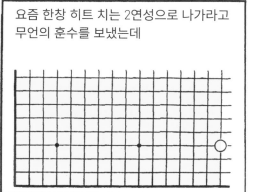

어, 이 계집애가 무슨 연구를 그리 골똘히 하는지
한참을 들여다보더니….

뭐하는
거야?

벌써부터 무슨
들여다 본다고
난리야.
시간 아깝게!

어렵쇼! 귀를 비워둔 채
곧바로 백 4로 걸쳐 가는 거 있지.

빈 귀 놔두고 왜 그런
소말리아 같은데로 기어
들어가? 거기는 기원도 없고
사람 살곳이 못돼, 바보야!

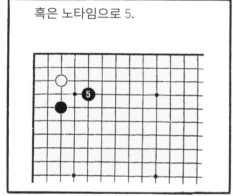

흑은 노타임으로 5.

나중에 알았지만 그렇게 3·3에 걸쳐 가면
흑은 손을 뺄 수가 없다는구먼.

손을 빼면 백은 즉각 1.
이건 무조건 흑이 나쁘다는군.

미미는 흑이 그렇게 5쯤으로 씌워 올 줄 알았다는 듯

백 6. 축이 유리하므로 흑은 함부로 젖히지 못하는 자리다.

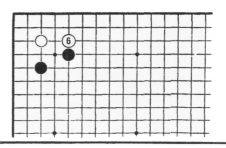

이어서 흑 7로 늘고, 백 8로 붙이고, 흑 9로 느는 것은 정해진 코스.

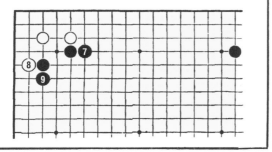

미미는 잠시 손길을 멈추는 듯 하다가

백 10으로 하나 더 밀어 흑 11을 강요하고 이번에는 이쪽으로 다시 백 12.

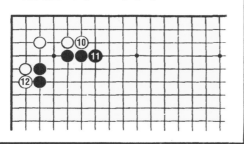

흑 13으로 늘지 않을 수 없고 여기까지는 외길이라 서로 달리 반발할 여지가 없다는군.

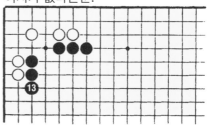

미미는 그래 놓고 비로소 백 14.
오직 지금이 찬스이자 급소 중의 급소다.

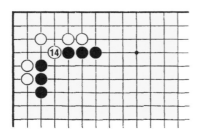

흑 15도 당연. 백이 여기를 뚫고 나오면
흑은 돌 놓고 집에 가야 된다.

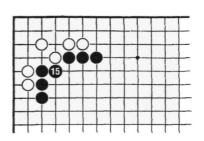

동시에 백 16도 더욱 절대.
이로써 한 꼭지의 절충이 끝난 셈인데

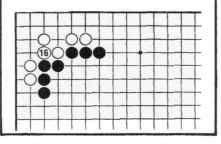

L 씨는 한참 뜸을 들이다가 흑 17로 두껍게
눌러 막았다.
(**가**에 백돌이 놓이는 것과 천지 차이)

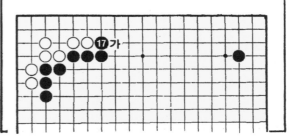

자, 백의 다음 수는 당연히
빈 귀로 가야 할 것 같은데….

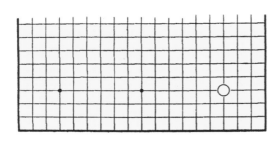

막강한 흑세를 염두에 두고 바둑신이 둔다 해도
오직 그 한 수라는데, 어딜까?

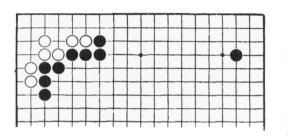

그러나 미미는 거의 노타임으로
바둑알을 집어들었고

이런 제기! 바둑알 겨우 여남은 개 놓인
그 시점의 필사의 승부처라는
그 자리가 어딜까?

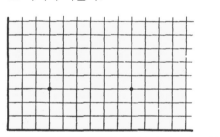

다음 순간, 미미의 고사리손이 잘그락!

무어야?

또
저거야?

이런 제기! 빈 자리투성이의 태평양 같은 바둑판에 백의 다음 수는
백 18 외목 오직 그 한 수라는군.
(진짠지 나중에 프로 4인방한테 문의해 봐야지.)

하지만 아까도 잠시 언급했듯
구경꾼조차도 옷깃을 여미는 외목,
또 그 지긋지긋한 외목이란 말인가!

말인즉슨 흑이 **가**로 걸쳐 오고 백이 **나**로 씌워가면
위쪽 흑세가 구겨지고,
그렇다고 흑 **나**로 걸치기도 거북하고.

아니나 다를까, L 씨는 그 정도쯤은 빠삭하다는
듯

흑돌 한 개를 가만히 집어
냉정 침착하게

그러나 내가 보기에는 너무너무 엉성 무쌍하게
흑 19로 택지 조성을 하는 것이었다.

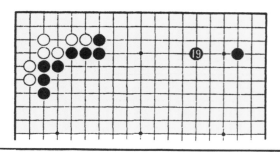

그래놔도 상당한 세력은 세력인가?

대개 흑 1로 견실히 굳히기 쉬운데
그때에는 당장 백 2가 쳐들어와,
좌우가 넓은만큼 공격이 마땅찮긴 하다.

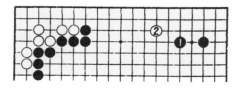

그러자 미미 역시
조금도 서두르지 않고

백 20. 아주 좋은 자리지.

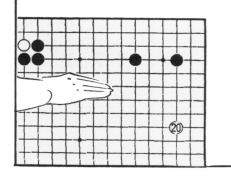

자, 이럴 때 흑의 다음 한 수는?

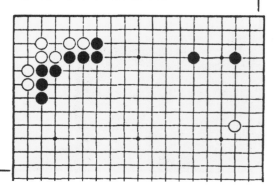

다음 순간, 돌 소리도 매서운 흑 21의 걸침에 나는 깜짝 놀라고 말았다.
아니! 세상천지에 이렇게 걸쳐 가는 바둑도 있단 말이야?

나는 미미가 도대체 그 뚱수에
어떻게 대응하나 침을 꼴깍 삼켰다.

그러나 미미는 아무렇지도 않다는 듯
백 22로 붙이고

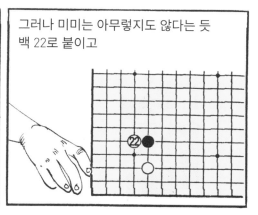

흑 23에 백 24로 끌고
바둑 잡지나 신문 기보에 흔히 등장하는
절충이 이뤄졌는데

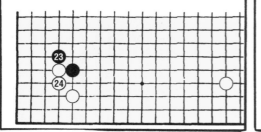

그러나 자세히 보면 흔한 모양이 아니고
백집이 한 줄 넓어 상당한 실리를 벌고 있음을
알 수 있다.

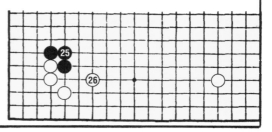

그러나 바둑이란 한 쪽만 이득을 보게 되지 않아서
흑이 성큼 27로 두 칸 뛰고 보니, 엄마야!
졸지에 중앙이 시커먼 계곡이 된 거 있지.

남의 집 커지는 꼴을 못 보는 나라면 몰살을 당하더라도
우선 뛰어들어가고 봤을 텐데, 아니, 상대가 상대인지라….

적어도 백 **가**쯤 한칸 뛰어두고 눈치를 살피겠는데….

그러나 미미는

남이야 대궐을 짓든 말든 백 28.
평범한 연립 주택.

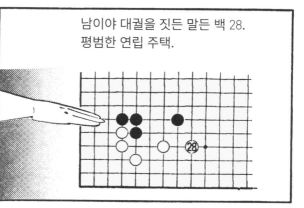

그러자 흑도 박자를 맞추듯 29.
그러나 이것이 L 씨가 둔 최초의 완착으로
그 수가 바로 똥수라는군.

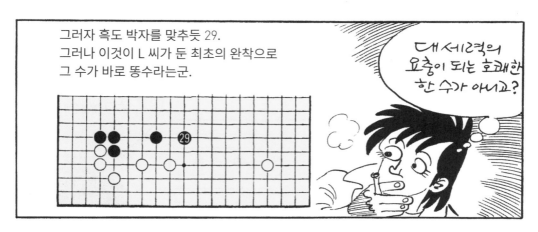

대세력의 요충이 되는 호쾌한 한 수가 아니고?

여기서 잠시 초반 포석을 정리하고 넘어가자.
흑 27에 백 28도 필연이라 치고,

그렇다면 흑도 당연히 중앙을 의식해서 29로 같이 뛰어야 되는거 아냐?

흑의 다음 한 수는 역시
가 근처로 덮어씌워 가는 것이
이런 바둑에서는 거의 필연이었다.

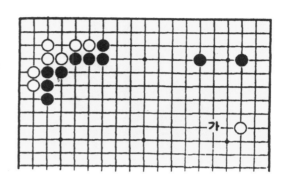

노골적으로 씌워 가지 않더라도
적어도 흑돌이 **가** 근처로 흐르게 해야 했는데,
L 씨는 흑 29.
여유가 너무 넘치다 못해 맥이 빠진 한수(閑手).

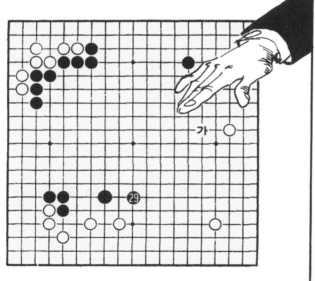

그렇다면 백은 만사 제쳐 놓고 **가**로 한 칸 뛰어 놓고 볼 일인데, 미미 역시 완착에 감염되었는지

저…저게 뭐야? 얘가 이 급한 판에 뭐하는 거야?

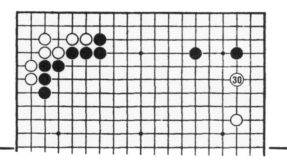

백 30. 이 수는 마치 적이 그물을 쳐 놓고 기다리는 데로 목을 들이민 꼴이다.

이 바보가 오늘 돈 크게 건줄을 알았나? 뭐 하는 거야 지금?

아니나 다를까, ㄴ 씨는 손님 어서 오시오라는 듯

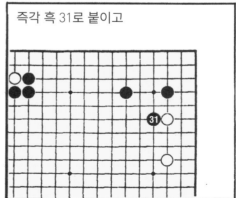

즉각 흑 31로 붙이고

백 34, 흑 35 하니
이건 너무너무 흑의 이상형이 된 거 있지.
더욱 더 깊어진 흑의 바다!

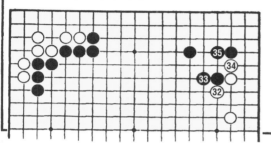

나는 순간 버럭 소리쳤다,
눈으로.

들여다 볼 거 뭐 있느냐, 당장 가운데로 뛰어들어가서 두 집 내고 살아 버려라!
거기가 깡그리 흑집이 되면 갈 데 없는 만방이다.
지금 당장 들어가라! 얼른! 냉큼! 빨리! 시방!

인생이 별거더냐? 배고프면 밥 먹고 졸리면 자고 슬프면 울고!

바둑이 별거더냐! 상대가 약하면 잡아먹고

강하면 도망가고

남의 집이 크다 싶으면 뛰어들어가 살고!

더러 계산해 가면서 고차원적으로 노리는 수도 있다지만

결국은 노리기만 하다가 꿩도 매도 참새마저 다 놓치는 수가 얼마나 많더냐!

이럴줄 알았으면 차라리……

결국 마음이 약해서
'좀더 때가 무르익기'를 기다리고,
겁이 나서 '역사에 맡기자' 그러는 거야.

하지만 솔직히 지금까지
역사에 맡긴다고 맡겨
지는 거 봤냐?

해먹고
챙기고
토끼는 놈이
장땡이지!

바둑의 정석이란 것도 이제 자동차 없던 시절의
한가로운 구시대 정석은 못 써.

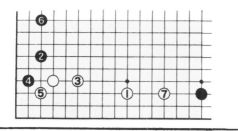

오늘날의 바둑은 낭만은 없을지언정
더욱 실질적이고 확실하고 화끈해야
장이 서는 거야.

음씨 노인이
내놓은 쩐
(錢)→

그러나 이런 빌어먹을!

내가 그토록 논리정연한 피 끓는 훈수를
보내는데도, 아, 이놈의 지지배가

내 기똥찬 훈수의 눈길을
본 척도 않는 거 있지.

그러나 그게 아니었다.

미미는 가만히 돌 한 개를
집어들더니

앗! 이게 어디에다 두나 했더니, 에그머니!
내가 훈수(?)한 대로 과감하게 적진 한가운데 백 36으로 뛰어든 거 있지.

그런데 엉거주춤 뛰어든 백 36이 깊지도 얕지도 않은 '오직 이 한 수'의 곳으로, 흑이 **가**로 씌워 와도 **나**나 **다**로 슬쩍슬쩍 뛰어 결코 잡힐 돌이 아니다.

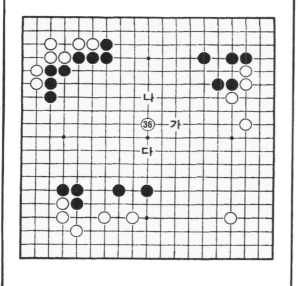

나는 백의 단기 돌입에 흑이 과연 어떻게 대응하나 침을 꼴깍 삼켰는데

L 씨는 이미 그런 유의 공방에 이골이 난 듯 너무 태연하게 흑 37.

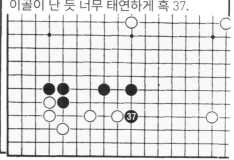

그러나 바로 그 수가 성동격서(聲東擊西) 네 글자를 살짝 비껴 간 헛수로,

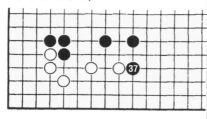

흑은 당연히 **가**로 받아 뒀어야 할 차례임이 국후에 밝혀졌다.

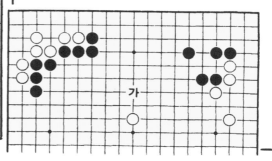

아니나 다를까, 그 짧은 틈새에
미미의 두 눈이 전광석화처럼
번뜩이더니

백 38로 젖힌 후, 백 40, 흑 41을 아낌없이 교환하고

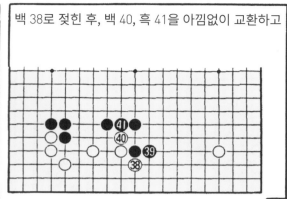

백 42로 성큼 뛰어 버리니, 그 아득해만 보이던 흑의 바다가
졸지에 동네 개천으로 격하된 느낌인 거 있지.

먼저
뛰어
버리나?

뒤늦게 흑 43으로 갔지만,
애초 △에 지킨 것과는 두 줄 차이가 났고

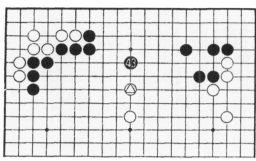

으흐흐흐흐
그 큰 계곡이 납작동산
이 되어 버렸군!

결국 그 바둑은 초반의 그 하찮은(?) 응접에서
승부가 엇갈린 이상한 한 판이 되고 말았다.
정말 바둑이란 무서운 거지?

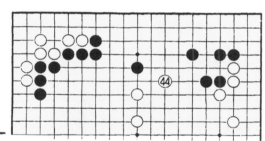

망했네!
다 깨졌다!

아닌 게 아니라, 백 44로 되어서는
흑세는 이미 세가 아니다.

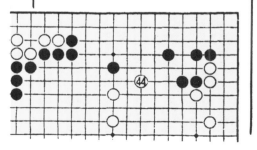

이후 흑은 가운데 백 대마에 계속 흑심을
버리지 않고

콜록 콜록!

꽤 많은 노력을 했지만,
초장에 날은 새고 황새는 슬피 울어

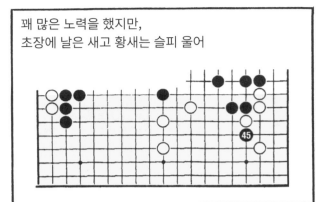

L 씨는 어이없는 얼굴로
담배만
피우고 있었다.

그거 참 이상도 하지. 아무리 열심히 살아도 월급 봉투 얇은 것만큼 생활이 궁핍하듯이
쌍방이 일진일퇴를 거듭하는 가운데 이상하게도 초반에 두 줄 물러선 만큼 흑이 불리했고
그 차가 종반까지 내리 이어져,

흑이 끝내기에서 상당히 만회를 했음에도

반면 석집인가?

끝내 L 씨의 2집 반 패.

미미는 결국 금융계의 명인, 은행가의 킬러 L 씨를
거푸 두 번을 꺾은 것이다.

역시 먼저
지켜야 했어!
거기를 백이 뛰어서는
어떻게 두어도 흑이
안되는 바둑이야.

꼬흐흐흐
와이리 좋노!

돈을 챙겨 미미를 데리고 나오면서 인사를 했는데도
L 씨는 빈 바둑판만 하염없이 바라보며

흑이 두 줄 물러났던 그 언저리를 몇 번이고 몇 번이고
손끝으로 두들기며 어루만지고 있었다.

바둑 한 판 때리고 이 불경기에
현찰 4백만 냥을 챙긴 우리는

아찌
돈 세어
봤쩌?

아니 엄격히 말해 돈은 미미가 땄고,
나는 옆에서 가슴만 졸였지만

어쨌든 쇳가루가 왕창 수중에 들어오니까
그냥 마냥 마구 흥분이 되는 거 있지.

끄흐흐흐!

야 기분이다
우리 한잔
죽이자!

그래 우리
닭발 먹자.
순대랑!

어찌 닭발 순대뿐이랴.

그날은 특별히 미미가 까빡 죽는 번데기와 떡볶이,

그리고 오징어튀김이랑 자장면까지
배가 터지게 먹이면서

덩달아 나도 소주를 두 병이나 까고
완전히 꼭지가 돌아 버렸다.

술은 틀려!
술은 들어갈수록 자꾸
더 들어오라고 그러는
거 미미 너 모르지?

그럼 또 더 술
먹을거야?
어디 가서?

바둑도 기본이 5번기
인데 최소한 3차는
가야지!

그럼 나 또
닭발 먹어?
나 이제 싫은데
....

다 큰 어른이
닭발이 뭐야?

SCR

응?
그럼 어디
가는데?

룸 카페!

거기는 뭐 파는
덴데?

양주 맥주 와인
칵테일....

다 술이잖아.
그럼 난 뭘
먹어?

마른안주도
있어.

그러지 말고 우리 노래방 가자, 아찌.

그건 중반전투 다 끝나고 끝내기할 때, 바보야!

어! 아찌 얼굴이 왜 그렇게 빨갛게 됐어? 어디 아파?

앗! 거짓말!

이제보니 너 미성년자잖아.

노래방은 애들도 갈수 있어!

누가 노래방 간대? 여자 있는 룸카페 간댔지.

여자 있는?

그래!

싫어 싫어.
나두 따라가구
싶어 !

누가 애를 데리고
롬카페를 가?
도대체가 수가 날
자리냐, 거기가 !

그럼 내 돈
다 내놔 !
4백만원 !

이 기집애가
치사하게 !

내 놔 !

오밤중에 둘이 아옹다옹하다가….

글쎄
안돼 !

따라
갈거야 !

이 쌍 !

결국은 미미를 데리고 룸카페로 갔다는 거 아니겠어.

그래 가지고 맥주랑 안주를 시킨 후

미스 리라는 아가씨를 옆에 앉히고….

하는 따위의 포석 단계는
여기서 생략하고

당시 오랜 독신 생활로 2선으로만 발발 기던 나는
점점 술이 몸 속으로 퍼져 가자

어떡하면 미미를 택시 태워
먼저 집으로 보내고

저 아줌마랑
무지 중대한 얘기
가 있어서 그래.

미스 리를 록카페 같은 데로 꼬셔 가
왕창 술을 더 먹인 다음

곧바로 수상전(?)으로 들어갈 수
있을까, 없을까?

나는 오직 고따우 수읽기만 하고 있었는데….

아 가야
오징어 먹어.

어 !
어더 가?

저쪽 테이블 계산만
하고 얼른 올게요.

바둑 두던 상대가
화장실에 갔을 때에도 그렇지만

여자 있는 술집에서 파트너가 잠시 손을 뺐을 때
남자의 그 심심 따분 적적함이라니!

나는 하릴없이 술이나 죽일 수밖에 없었는데

아찌.

미미 지지배가 느닷없이

그 아줌마가
영계야?

아줌마는!

아, 이게 무슨 신수 연구하는 듯한
너무너무 진지한 어조로

영계가 무슨 뜻인가를 정식 질의해 온 거야.

나는 5공 청문회 답변하듯 우물딱 어물거렸는데

이게 너무너무 집요하게

그러니까 나이어린 여자가 영계네.

뭐 대충 그렇다고 알면 돼.

아찌는 이상하다. 그렇다면 그 아줌마보다 내가 더 영계잖아.

내가 있는데 왜 늙은 아줌마 있는 집에 와가지고 돈 쓰고....

이런 쌍!

내 말이 틀려?

됐습니다! 됐습니다!

니가 무슨 영계야? 너는 알이야 알!

알?

맥주 작은 것 열몇 병을 자빠뜨리고

술값 계산을 끝낸 후
미미를 데리고 그 카페를 나온 나는

무슨 유행가 가사처럼 어느 불 꺼진
빌딩 모퉁이에서 기다렸다.

룸카페 미스 리를.

나는 일단 근처 모텔로 가
방 두 개를 잡아서

한 방에는 미스 리, 다른 한 방에는 미미와 나.

그리고 미미가 잠이 들면
으흐흐흐, 즉각 미스 리 방으로…

그리고 으흐흐흐….
나는 이미 모든 수읽기가 다 끝나 있었다.

그런데

그런데 이게 뭐야. 5분 후에 나온다던 미스 리가
30분이 지나도 안 오는 거야.

알고 보니, 나랑 동침 약속을 하고는
곧장 집으로 퇴근했더군.

그러니 어떻게?

그러나 나는 결코 그 카페의 미스 리를 포기할 수가 없었다.

미미는 느닷없이 바둑판을 꺼내더니
주섬주섬 아래와 같은 그림을 늘어놓더니만….

미미가 가리킨 곳은 하변이었다.

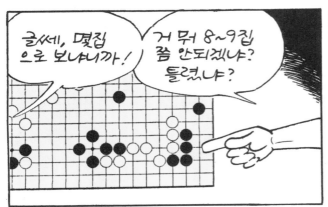

글쎄, 몇집
으로 보냐니까!

거 뭐 8~9집
쯤 안되겠냐?
틀렸냐?

그러니까 아찌는
매사가 그모양
인 거야.

이 백집은 미안
하지만 2집 정도야.
잘 해야 2집 반.

한번 볼래?

자! 이렇게 치중해서
여기는 공배인거야.

응?
그렇게 겁없이
들어가는 수가
있어?

백 2로 막으면, 흑 3과 5로 단수 치고 흑 7. 백은 당장 두 집을 걱정해야 돼.

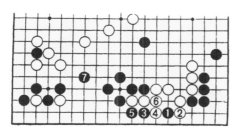

뭐든 우선 모양을 정확히 보고 수를 읽든지 공격을 하든지 하라고 내가 몇번을 얘기했어.

이런 쌩!

자 다시!

이 모양을 잘 봐.

이건 또 뭐야?

아찌가 백이야.

그럼 뭐 볼거 있어? 흑 한점을 탁 따 내버리면 그만이지.

지금 흑이 둘 차롄데 어떻게 흑 한점을 따!

아, 그러냐? 하긴… 백이 둘 차례면 문제가 아니지.

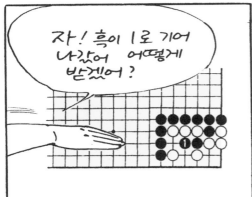

자! 흑이 1로 기어 나갔어 어떻게 받겠어?

아 그거야 뭐 지까짓게 남의 집 속에서 도망가봤자

왜 아니겠어. 잡은 돌 도망가는 꼴을 못보는 아저씨는 무조건 2로 몰겠지.

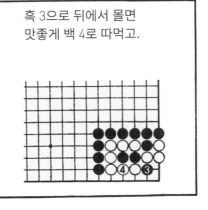

흑 3으로 뒤에서 몰면 맛좋게 백 4로 따먹고.

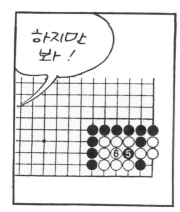

하지만 봐!

7로 몰고 8 이을 때 9로 젖히면 이게 바로 포도송이의 종말 아니겠어.

어, 진짜 그러네!

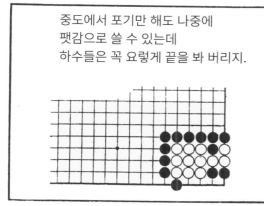

중도에서 포기만 해도 나중에 팻감으로 쓸 수 있는데 하수들은 꼭 요렇게 끝을 봐 버리지.

바보야 사람이 인생을 살다보면 내친걸음 이란게 있잖냐.

고쳐야 돼! 망하는게 한눈에 보이는데 왜 뻔히 알면서 그길을 가?

이런 쌍! 누가 가고싶어 가냐. 손이가지!

고쳐야 돼!

비단 바둑뿐만이 아냐.

술이 몸에 나쁘다는 걸 너무너무 잘 알면서 매일매일 부어라, 마셔라!

이 풍진 세상을 술 없이 어찌 살아! 오늘은 또 무슨 건수 없나?

내 밥들 뭐하고 있나.

이 코딱지만한 지지배가 나중에는 별 개떡같은 · · · ·

술만 마시는 정도면 그래도 조금은 괜찮아.

저 꼴들 좀 봐! 대학까지 나온 지성인이라는 어른들이!

얼굴은 벌그레해 가지고, 어디 또 삼삼한 영계 없나 두리번두리번.

도대체 영계랑 뭐 하려구 그래? 어디 한번 얘기 좀 해 봐!

뭐 하기는 뭐 해.

뽀뽀같은 거 하려구 그러지?

맞지!

아니다!
내가 그런 부도덕한
행마를 할 인간으로
보이냐?

애 앞에서 거짓말
하지말고 어른이면
좀 솔직해 봐!

아 졸립다.
어서 자자.

빨랑 말해!
나몰래 그 아줌마랑
뭐 하려구 그랬어?

아 뭐 하긴!
그냥 얘기 조금 하고
차 마시고‥‥

그리고!

그래 말 할게!
그 아줌마 손 한번
만지려고 그랬다.
안되냐?

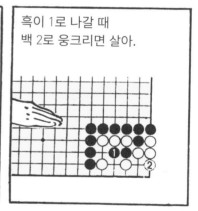

아니, 그러니까 그 여자를 한방에 꼬실수 있는 비책이 있다는 거냐?

무기든 맥만 알면 간단한 거야.

맥?

사람도 모양을 잘 살펴만 보면 급소, 요소, 결함이 다 보여.

이 모양을 봐. 백이 꽤 큰 집을 짓고 떵떵거리는 것 같지만

잘 봐!

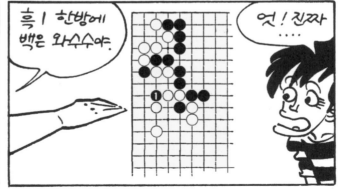

흑1 한방에 백은 와수수야.

엇! 진짜 ....

216

백 2로 몰아도
흑 3으로 빠지면서 단수.

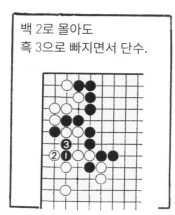

백 2로 이으면, 흑 3으로 박살!

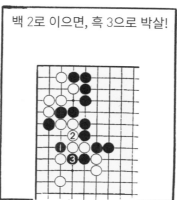

그러네!

나는 갑자기 천군만마를 얻은
기분이었다.

사랑하는 우리
미미야!
아저가 단도직
입적으로 묻겠다.

이 여자 급소는
어디냐?

좌우?
중앙이냐?

온 데가 다 급소야.
여자 몸은 우연래
약하니까.

그게 무슨 말
이야?

그냥 아무때나
잡으러 가면 된다
말이야.

나는 용기백배하여 다음날 즉각
대마(?) 포획에 나섰다.

그러나 이런 빌어먹을!

매상도 상당히 올려 주면서 아부를 했건만

아, 요것이 호텔 소리만 꺼내면 펄쩍 뛰는 거라.

조급해진 나는 드디어….

그거 정말 이상도 하지?

그래서 그 아줌마를 사랑하는 거야?

아니 뭐 사랑한다기보담도….

암만 바둑이 약해도 그렇지! 아찌는 너무 무식하고 무모해.

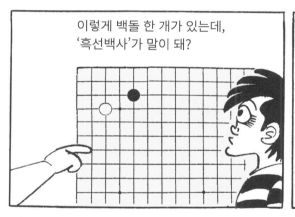

이렇게 백돌 한 개가 있는데, '흑선백사'가 말이 돼?

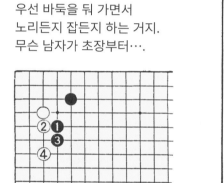

우선 바둑을 둬 가면서 노리든지 잡든지 하는 거지. 무슨 남자가 초장부터….

무슨 말인지 알아?

221

아닌 게 아니라, 대가리하고 꽁지만 있고
중간 내용이 없는 게 내 약점이다.

바둑이든 여자든 일단 판을 마주하면

포석, 전략, 중반 전투가 있고
끝내기가 엄연히 있는데

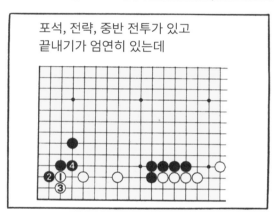

덮어놓고 큰 끝내기부터 서두른단 말인가?

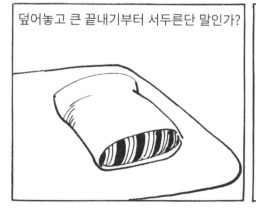

하다못해 장문이라도 쳐 놓고
잡든지 면장을 하든지 해야지.

그렇지 않으면,
모자라도 씌워 놓고 진도를 도모해야지.

돌이켜보면, 거지 코 같은 내 인생은
늘 그 꼴이었다.

늘 무리하게 판을 짜, 늘 무리한 운석으로
일관하면서

멀쩡히 두 집이 난 대마를
날카롭게(?) 노려보던 내 청춘.

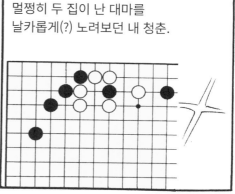

한때,
프로 기사로 입신하겠다는 야무진 꿈을 가졌던 나.

그러나 채소밭에서 김치찌개를
찾아도 유분수지.

바둑판 앞에 앉아 평정심이니 투지니 하는 것을 찾는 대신에 나는 언제나

음!

오늘 이 하수를 몇 만방으로 조져놔야 잘 조졌다고 관철동까지 소문이 날까?

어디 그뿐이랴! 정말 꿈은 야무졌지. 아니, 간도 야무졌지.

으흐흐흐 나 정도 강1급이면 ···· ·ㅇㅇ

올 가을쯤 입단하고, 신문 기전에 나가 8연승으로 본선에 진출하고

조훈현 이창호를 보내고 서봉수 유창혁을 잠재우고 타이틀을 싸그리 ······

국산 타이틀만으로 성이 안 차 국제무대로 나가 응창기배와 후지쓰배를 접수하고

짝 짝

기자들을 바글바글 거느리고
감상문을 발표한다.

뿐만 아니라, 잠시 머리를 식힌답시고
뻔질나게 외국으로 나가

게이샤 데불고 놀다가 스캔들로 발전하여
곤욕을 치르고

돈을 너무 벌어 노래방도 하나 차리고,
소말리아에도 좀 보내고….

아, 즐거운 인생!
째지는 일인자의 일상이여!

그러다 몽상에서
깨어나고 보면, 어머니나!

갈가리 찢긴 내 대마여,
처처에 죽어 가는 내 병졸들이여!

학교 때 똑똑하다 소리 듣던 김달호가 어쩌타 오늘날 이지경이 되얏더란 말인가!

돌이켜 보면 이게 다 그 인간들 때문이야!

온갖 꼴짝수로 내 대마를 붕어빵 집어먹듯 하던 저 못된 노송일과 이광고!

오우 노!

딱 두 귀만 살려 주고 판에 있던 돌을 모조리 짭짭하던 김희종 아자씨!

그때마다 받은 쇼크로 내 유전인자에 이상이 생긴 것이야!

그래 가지고, 여자들 앞에만 가면 지레 쫄고 어깨에 힘이 들어가

되지도 않는 정석 구사하다가 전광석화와 같이 패세에 몰리는 띨띨이.

하지만 이제 와서 어떡해. 그게 내 기풍인걸....

하지만 난 할거야! 그 카페 고 지지배를 빵 때려 내고 말 거야!

빵

정견발표 다 끝난거야?

바보!

아찌 내가 진짜로 가르쳐 줘?

바둑이 강해지기는 어려워도 이기는 걸은 쉬워.

무슨 말이야?

얼마나 바둑이 늘구싶어?

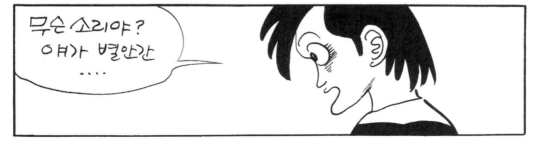

무슨 소리야? 얘가 별안간 ....

그 아줌마가 안 만나주면 아홉점을 깔아.

그게 무슨 말이야?

돈을 주는거야. 아홉점… 아니 9백만원 쯤

야! 룸카페 지지배랑 데이트 한번 하자고 전세방 한칸을 주란 말이냐?

9백을 줘도 튕기면 9천을 줘 봐.

이런 떨떨이 ! 그런 떼돈이 있음 정식으로 장가를 들지.

그러니까 헛된 꿈 그만 꿈고 바둑이나 두자는거 아니니.

아니 아니, 열심히 두면 9천만 원쯤 몇판으로 벌수 있을지 누가 알아.

암만 그래봤자로 너 이 켄터키 치킨만한 계집애가 !

여자가 말 안들어 준 다고 돈을 줘 보라는 **아이디어**가 네 나이에 합당한거냐?

누가 그래? 언놈이 어린애 한테 그 따우로 가르쳤어 ?

우리 할아버지가 ....

뭐잉 ? 할…아…????

미미 너 고아가 아니고 가족이 있었어 ?

하지만 지금은 아직 한 명 뿐이잖아.

언제 어디서 어떻게 살다가 어떻게 돌아가셨어?

아직 돌아가시진 않았을거야.

……거…야???

ㄴ씨라는 사람한테서 전화 왔었어. 빨랑 연락해 달래.

ㄴ씨고 ㅁ씨고 미미 너 이리 좀 와 봐!

돈푼깨나 크게 걸것 같은 느낌이었어. 빨리 좀 어떻게 해 봐.

시꺼!

느이 할아버지 이름이 뭐야?

미미의 숙명적인 다음 상대는

두 번 연속 박살이 난 '금융계의 킬러' L 씨가 아니고

L 씨가 긴급 수배하여 급거 천거한 하 도사라는 전문 내기꾼이었는데…

하 도사….

내로라하는 고수들마다 그 왜 독특한
기풍이란 게 있잖아.

제비를 닮은 조훈현의 날렵함,
이창호의 귀신 같은 계산,

광야를 몽땅 자기 안방으로 만들려 드는 다케미야,

중앙

한 시절 "적수가 없어 불행했다"고
투덜댔던 사카다의 날카로움,

가토의 대마 사냥,

다카가와의 모자 등등….

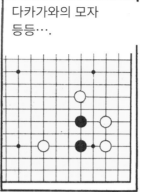

그런데 그런 전투나 행마의 기술적 기풍 말고

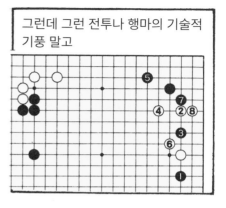

바둑판에 돌을 옮겨 놓기 전의 기풍이 또 있지, 왜.

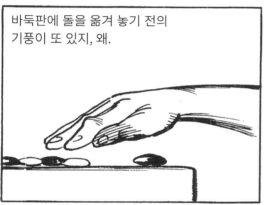

성냥개비를 무수히 분질러 성냥공장 사장을 은근히 먹여 살리는 조치훈,

조남철 9단의 엄살,

김인 9단의 묵비권,

바둑판을 놓고 탁구를 치는 김희중과 서능욱.

어떤 일본 기사는 바둑 두다 말고
옆방에 가서 자다가 시간패를 당하기도 했다는데

미미가 세 번째로 만난 전문 내기꾼
하 도사라는 사람은

글쎄, 그것도 특이한 기풍이라면 기풍이랄까?

이 아저씨, 어디서 도난 수표라도
따먹어서 혼이 난 적이 있는지,
아니면

신문에서 수표 추적이다 뭐다 하니까
덩달아 켕겨서 그러는지

현찰 배추 다발 아니면 바둑을 안 두는
엿 같은 기풍(?)이라는구먼.

그러니 어떡해?

나는 땀을 뻘뻘 흘리며 판돈 500만 원을
현금으로 바꿔다 대령했는데

자요!
됐습니까?

이놈의 영감, 의심도 더럽게 많아가지고
일일이 확인을 하고서야

비로소 대국에 들어가는 거 있지.
아무리 무허가 불법 내기 바둑이기로 무슨 섰다 판도 아니고
바둑판 옆에 돈을 쌓아놓은 광경은 볼썽사납다 못해 살벌하고 너절하기까지 하더군.

돌을 가려 미미가 백번이 되었는데
나는 이 무슨 불길한 조짐인가 싶으면서도

이 영감이 얼마나 잘 두기에 그리 도도하고
깐깐한가 두려우면서도 궁금했다.

대체
어떤 유의
바둑이야?

따ㄱ

뜻밖에 초반 진행은 빨라,
내가 잠시 담배 한 대 때리는 사이에….

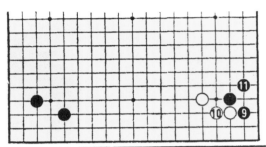

평이하게 나가던 바둑이 처음으로 상궤(?)를
벗어난 것은, 미미가 백 12로 벌렸을 때였다.

흑도 당연히
A 정도로 갈 줄 알았는데

하 도사는 담배 한 모금을
깊이 빨더니만

상변에서 흑 13으로 유유히 전개했고
미미도 거기에 맞장구라도 치듯이

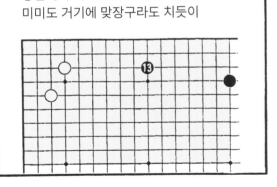

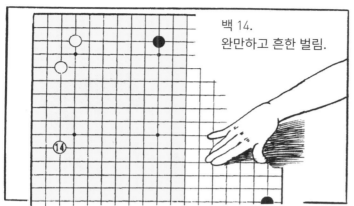

백 14.
완만하고 흔한 벌림.

얘가 원일 ??
저렇게 순둥이처럼
....

그것은 포석이라기보다
조심스레 서로의 힘을 감지하려는 탐색전 같았는데

영감이 꼭
쥐를 잡아 얼르는
고양이 같군 !

영감이 미미의 운석에서
나름대로 허점이라도 집어냈는지

드디어 괴력 비스무리한 '꼬장'을 부리기
시작했다.

미미가 백 16으로 우상귀를 걸어 갔을 때

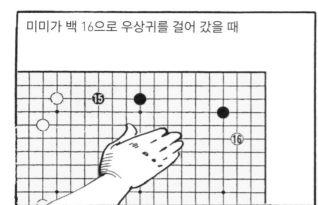

뜻밖으로 영감은 흑 17로 덮어 씌우고
백 18에 흑 19.

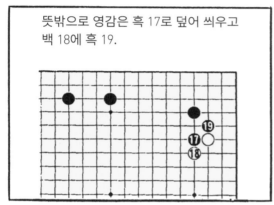

만약 여기서 흑이 1로 평범하게 한 칸 뛰어
받으면 어찌 되는가?

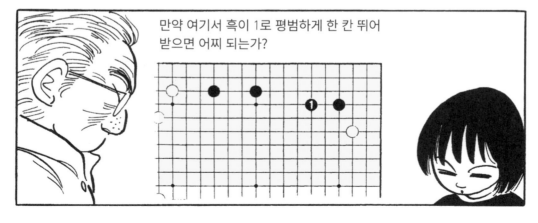

백은 즉각 2로 급소를 짚어
백 12까지 거의 외길 수순인데,
이것은 흑이 나쁘다고 말할 수는 없지만
어떻든 백의 주문대로 되어
백이 주도권을 쥔 형국이랄 수 있지.

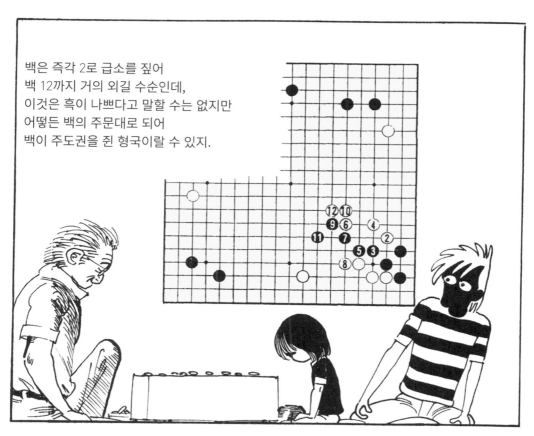

영감은 그것이 싫어 반발 정석을 택한 것 같더군,
내 판단으로 볼 때.

자, 이렇게 되면 백도 어느 한 쪽을 이어야 하는데
독자 여러분이라면 어느 쪽을 잇겠는가?

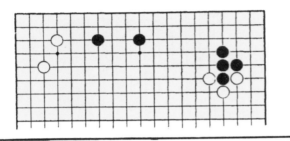

백 1로 이으면 흑 2로 끊고,
이하 흑 8까지.
이 경우엔 백이 피곤하다는
것이 정설이다.

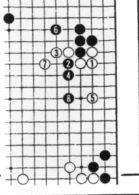

혼히 초심자들이 저렇게
많이 두는데, 이 기회에
기억해 두실것!

미미도 그쯤은 훤히 알고 있다는 듯 백 22, 등 쪽을 이었다.

암!
당연히 거기를
꽉 이어야지!

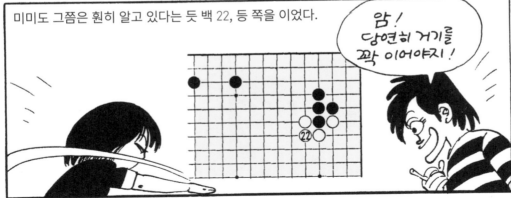

244

여기서 흑 1로 끊으면
이하 백 8까지.
이 경우엔 중앙이 깊어져
흑이 못 견디지.

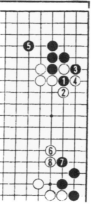

그래서 흑도 그냥 **B**쯤으로
한 칸 뛰어 놓으려니 했는데….

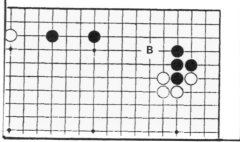

어라라!?
저건 또 뭐야?

나보다도 미미의 두 눈이 더 똥그래졌는데
영감이 흑 23이라는 희한야릇한 수를 들고 나온 것이다.

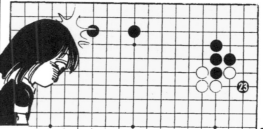

이렇게 된 이상 백은 당연히
B 자리를 차지하고 싶은 충동이 이는데….

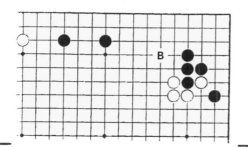

으잉?
저건 또 무슨
디스코가락이야?

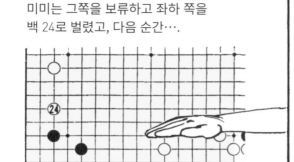

미미는 그쪽을 보류하고 좌하 쪽을
백 24로 벌렸고, 다음 순간….

오오잉?!

뚝

진짜진짜 보도 듣도 못한 수 흑 25가 판 위에 떨어졌어.
이런 욕심 사나운 늙은이 좀 봐.

그 수는 전혀 뜻밖이었는지
미미가 손등으로 코끝을 자꾸 문질렀다.

바둑의 수란 정말정말
바닷물만큼 무진장한 것인가?

백 24의 벌림에 보도 듣도 못한 흑 25.
나는 당연히 흑 **A**로만 예상했는데 무패를 자랑하는 전문 내기꾼 하 도사는
욕심 사납게도 두 칸을 벌려 놓고 맛좋게 담배를 빠는 것이었다.

그러나 나는 흑 25 자리도 충분히 한 수의
가치가 있다고 생각해.

일리 있을거야.
적어도 저 영감이
둔 수이니 만큼.

적어도 포석 단계에서만은 바둑판
어디에 두든 나름대로의 뜻을 지닌다고
나는 믿어.

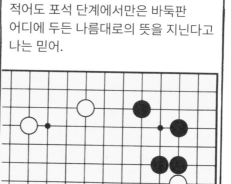

물론 1선에 돌을 놓는다든가
초장부터 2선으로 발발 긴다든가

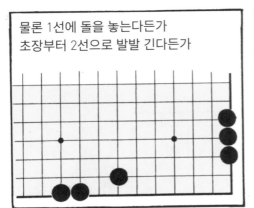

괜히 멀쩡한 남의 돌에 헤딩해서
자살하는 수 빼놓고.

하지만 돌지않은 이상 누가 그렇게 둬?

흔히 전문기사들도
흑 25의 수에 대해

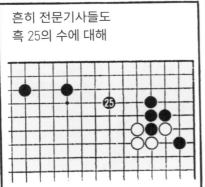

선입견 하나만 갖고

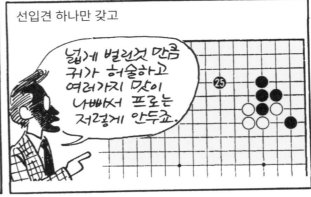

넓게 벌린것 만큼
귀가 허술하고
여러가지 맛이
나빠서 프로는
저렇게 안두죠.

그러나 세상사가 다 그렇듯 좋은 쪽이 있으면
그 반대급부가 있게 마련이고.

고통.

허술한 대신 어딘가 다른 이점도
있을 거라고 나는 믿어.

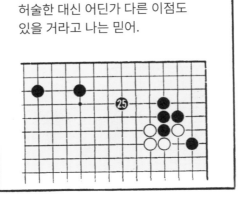

물끄러미 흑 25를 바라보던 미미가
가만히 돌 하나를 집어

엉뚱(?)하게 아래쪽으로 백 26.
내가 볼 때 어정쩡한 수 같더군.

아니나 다를까. 영감의 입가에
엷은 미소 비스무리한 게 스쳐 가더니

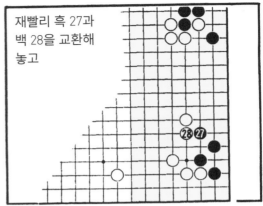

재빨리 흑 27과
백 28을 교환해
놓고

마치 신경통 환자의 몸에 굵다란 침을 놓듯
흑 29 급소에 일격이 작렬했다.
그 자리에 흑돌이 와서는 백의 때 이른 고전이다.

이 썅‥‥
5백만냥이 그냥 흑
날아가는거 아냐?

언뜻 백 1로 흑의 코를 눌러 가는
기발한 수가 떠오르지만,
흑이 2로 젖히고 이하 흑 6과 8로
쭉쭉 밀어 버리면,
이건 무조건 백이 안 돼.

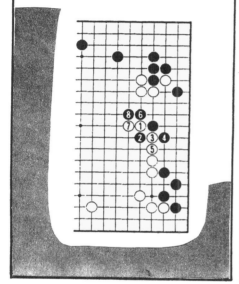

따라서
조금 어색하지만
백 30은 고육지책.

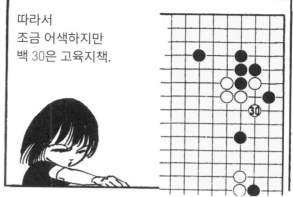

그 자리를
흑이 넘어가 버리면
싱거우니까.

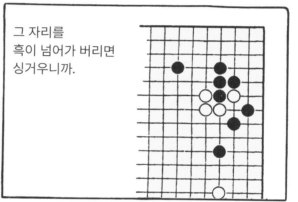

흑은 계속 손바람을 내면서
쭉쭉 흑 31,
뱀처럼 밀고 들어왔고

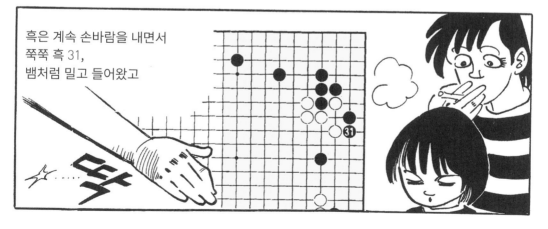

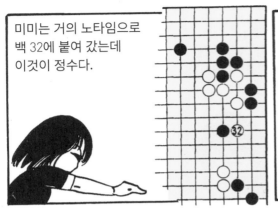

미미는 거의 노타임으로
백 32에 붙여 갔는데
이것이 정수다.

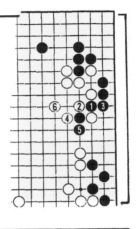

이런 데서
흑 1로 덥썩 끼워
차단하기 쉬운데,
그것은 백이 6까지
백이 대환영.

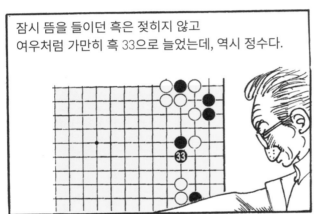

잠시 뜸을 들이던 흑은 젖히지 않고
여우처럼 가만히 흑 33으로 늘었는데, 역시 정수다.

앗, 그런데 바로 그 다음 순간,
아니, 이게 뭐야!

미미는 무심히 백돌 하나를 집어
백 34로 막았는데

하 이런!

쯧쯧쯧쯧쯧....
쯧×100.....

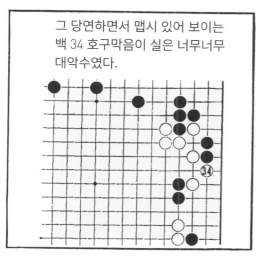

그 당연하면서 맵시 있어 보이는
백 34 호구막음이 실은 너무너무
대악수였다.

왜? 어째서
그냥 대악수도 아니고
너무너무 대악수인가?

그것은 흑이 35 급소로
쑥 뻗어 나오는 한 수가 너무너무
통렬 뻑적지근하기 때문이다.

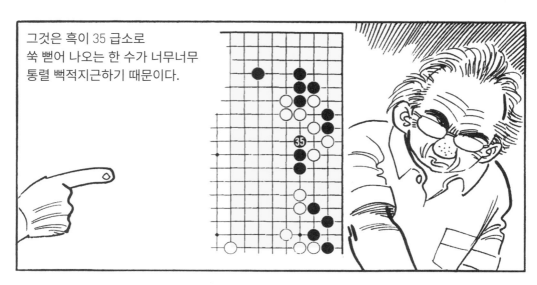

봐, 백은 36 우형으로 잇지 않을 수 없을 때,
흑 37로 케이크 잘라 먹듯 한 점을 수중에 넣으면서 **A**와 **B**를 맞보니,
그 죄는 몽땅 백 34 호구막음에게 있음이라.

저 뭉친꼴 하며
진짜로 망했군!

백 38은 절대 중의 절대.
여기를 흑이 넘어가면
백은 바둑을 더 둘 수가 없다.

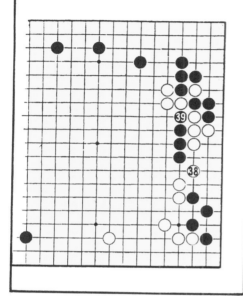

과연 백 38로 이어 가는 미미의 손끝에는
힘이 없어 보였다.

뭐야, 그 세력이
겨우겨우 연결을 하느라
바빠?

잘 봐.
형세 판단이란 게 딴 게 아니고
이런 그림을 볼 줄 아는 게
형세 판단이다.

흑 막대기 말
4점과 우1쪽
백 3점을 비교해
보세요.

얼핏 보면
적의 철벽에 붙어서
죽 늘어선 흑이 곤마 같지만
잘 보면 그 위에 붙어 있는
백돌 3점이 더 피곤하게
보이지 않아?

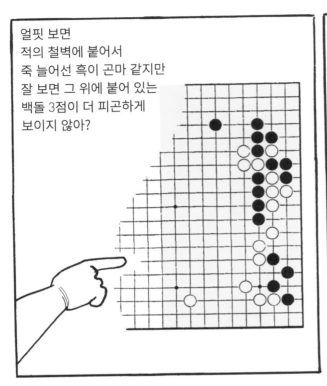

그렇다면 어디가 잘못되었을까?
백 34 호구막음 대신
백은 어떻게 두어야 정수였을까?

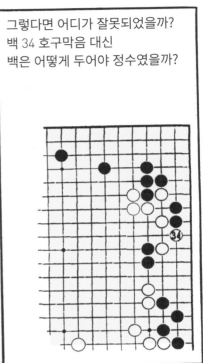

원래 여기는
백 1로 호구 치는
것이 정수야.
이하 5까지.

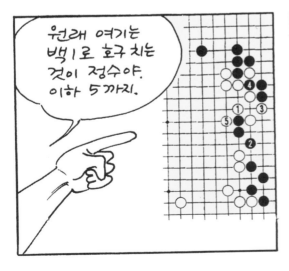

백 1에 흑이
2로 뻗어 나오면
3, 5 이단젖힘이
너무 기분째지지.

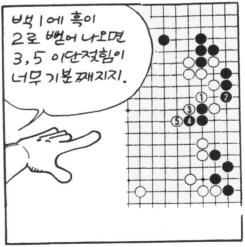

흑은 6으로 하나 몰고 실리를
차지하게 되는데,
이게 바로 닭갈비 집으로
백의 외세가 한결 빛나지.

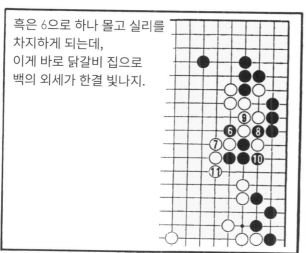

미미도 그제서야 사태의 심각성을
깨달았는지 입술을 꼭 깨물고는

백 40의 두 칸 뜀. 그러나 정확히 말해서 이것은 흑의 막대기 말이 무서워
줄행랑을 치는 도주의 행마가 아니고 뭐야!

보라. 흑도 같이 흑 41로 두 칸 뛰니
과연 누구 팔뚝이 더 굵어 보여?

바둑 실력 늘리고 싶은
독자께서는 이런 대목을
잘 기억해 두셔야 한다.

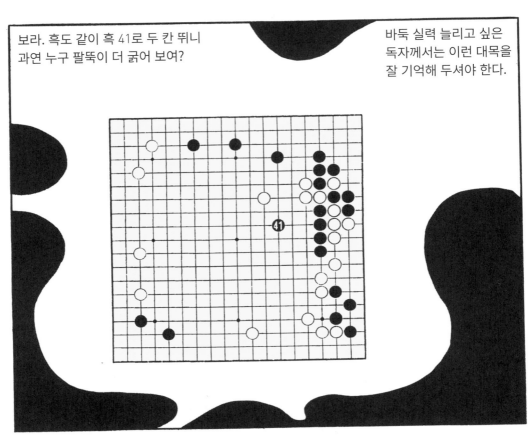

미미는 분발이라도 하듯 백 42,
공격형으로 총부리를 돌려 댔는데….

역시
그리 오시나?

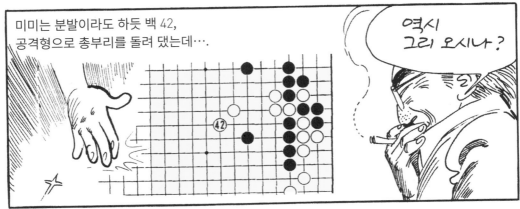

흑은 잠시 뜸을 들이더니 유유히 흑 43 하나 붙여
백 44를 불러 놓고

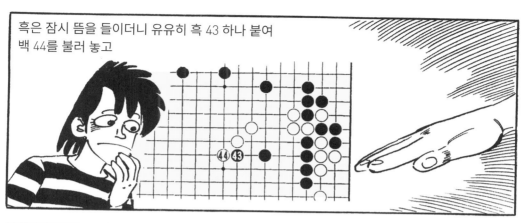

이번에는 다시 이쪽으로 흑 45.

영감이 뭐
하는거야?
이리 갔다
저리 갔다!

순간, 미미도 지지 않겠다는 듯
돌 소리도 야물딱지게

백 46. 이것은 제법 멀리 내다본 수로
중앙 전투의 축머리 장치다.

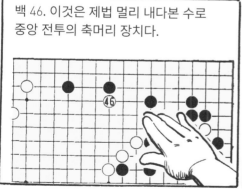

그러나 흑은 그쪽은 쳐다도 안 보고 흑 47.
아아! 너무너무 기분 좋은 급소 중의 급소 쌍호구!

다시 미미가 깊은 장고에 빠지자,
그제서야 나도 빠졌다, 두 다리에 힘이.

에고~
팔 다리야!

갑자기 눈도 침침해 왔다.

바둑도 안두는
내가 왜 더
눈이 아프지?

시퍼런 배추(?) 다발들이 뿌옇게
보였다 안 보였다 했다.

나는 그날 비로소 알았다.

아기를 낳는 여자도 힘이 들지만

나 죽어.

오매
나 죽어.

옆에 있는 시어머니 또한 산모 못지않게
힘이 든다는 사실을.

그래 맞아!
TV 보면 운동장에서 뛰는
선수보다 벤치의 감독들이
얼마나 죽을맛이야.

나는 슬그머니 대국장을 빠져 나왔다.

내리 장고만
하니 속이 타서
원·····

마음 같아서는 어디 가서
생맥주라도 한잔 때리고 싶었지만

나는 참고 옥상으로 올라갔다.

예상을 뒤엎고 바둑이 불리해지니까 나는 갑자기 비굴하게 마음이 넓어(?)지면서

그러나 내기 바둑에서 이기고 지는 것은 칼처럼 분명하다.

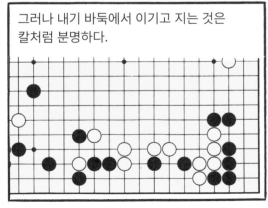

이기면 쇳가루요, 지면 황인 것이다.

262

모든 승부가 그렇다.
이기면 이빨이요,

깨지면 물인 것이다.

이기면 룸살롱이요,

지면 포장마차다.

이기면 압구정동이요,

지면 미아리 눈물 고개다.

미아리면 근사한 술집이 많다는데
웬 눈물의 미아리?

이런 푼수!
누가 그런 근사한 술집을 들어간대?

그냥 터벅터벅 술집 앞을 지나가는 거지!

들어가지, 왜 그냥 지나쳐 가느냐고?

오빠!

이런 푼수!
바둑에 깨진 놈이 돈이 어딨어?

터벅
터벅

승과 패, 곧

천당과 지옥,

왕자와 거지,

롯데 백화점과 삼풍 백화점.

그게 바둑인 것이다.

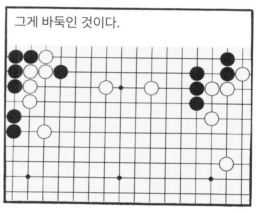

바둑의 창시자는 고대 중국 전설적인 제왕 요순 임금이라고 한다.

아버지는 똘똘한데 자식들이 하도 띨띨해,

그 우매함을 깨우쳐 주기 위해 전자오락 대용으로 고안해 낸 것이란다.

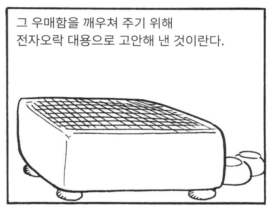

그러나 그것이 곧 판도라의 상자였다.

눈 뜨고 볼 수 없는 비극이, 참극이, 불행이, 슬픔이, 피눈물이
모두 거기에서 비롯되었기 때문이다.

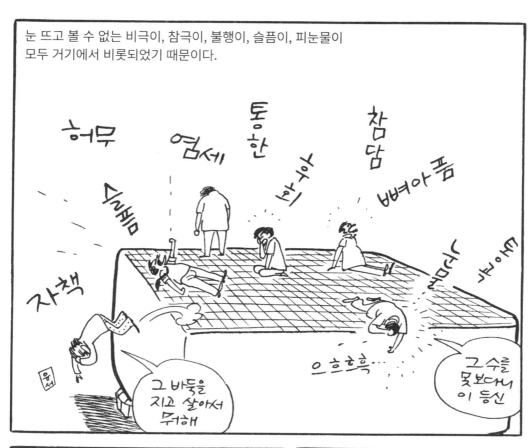

더러는 바둑으로 인해 명성을 얻고 부를 누리고
행복을 구가하지만,

그것은 가뭄에 콩 나기보다,
네 잎 클로버보다 더 귀한 존재고

수억 군졸들은 불과 몇 명의 선택된 승자의 말발굽에 이슬이 되었고
지금도 짓밟히고 있다.

바둑이란 이처럼 잔인하고 편파적이고 비민주적이고 독선적이고 극단적인
거지 같은 게임이다.

대국실로 들어가 보니,
백이 46에 갖다 붙이고 흑이 47로 쌍호구를 친 아까 상황 그대로였다.

그 뻔한 자리에서 미미는 도대체 무엇을 생각하는 걸까?

그런데 여기서 잠깐! 백이 중앙을 두다 말고 왜 별안간 위쪽에 갖다 붙였을까?

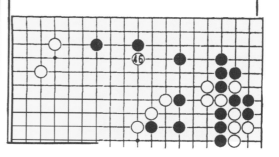

특별한 뜻이 있는 것은 아니고, 닥쳐올 중앙 전투에 대비해서
미리 축머리 장치를 한 것이 백 46이었다. 그런데 이런 곳을 흔히

바둑 좀 둔다는 사람도 성질을 못 참고

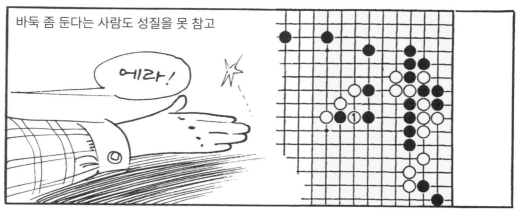

삼수갑산을 가더라도
우선 백 1로 기분 좋게 몰기 쉬운데

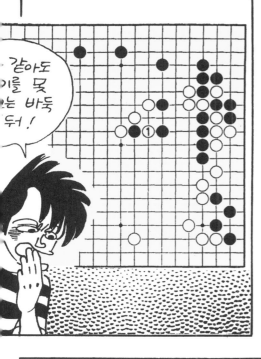

여기서 흑 2로 꼿꼿이 잇고,
백 3으로 따낼 때 흑 4와 6 하면,
흑집이 자그마치 현찰만 70집이다.
이건 무조건 백패지.

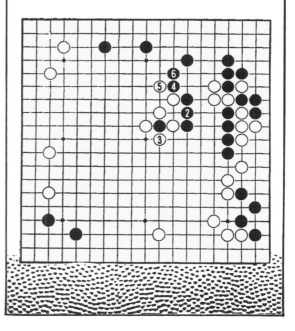

그래서 백은 몰지 않았던 것이고,
흑은 상변을 받지 않고 잽싸게 흑 47 쌍호구.

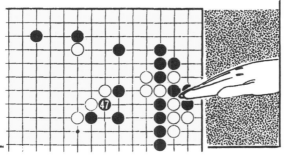

이윽고 미미는 백돌 한 개를
집어 들었다.

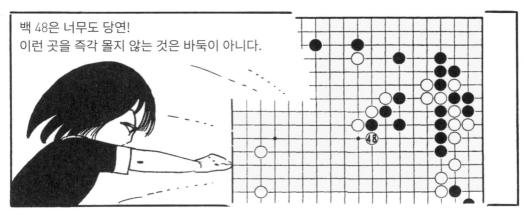

백 48은 너무도 당연!
이런 곳을 즉각 몰지 않는 것은 바둑이 아니다.

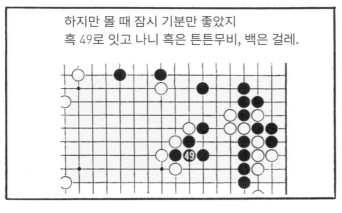

하지만 몰 때 잠시 기분만 좋았지
흑 49로 잇고 나니 흑은 튼튼무비, 백은 걸레.

저거 뭐야?
어느 한쪽을 이어야
하는데 어디를
이을 작정인고?

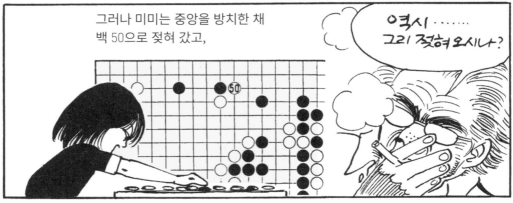

그러나 미미는 중앙을 방치한 채
백 50으로 젖혀 갔고,

역시⋯⋯
그리 젖혀오시나?

흑 51은 당연.
이른바 칼과 칼이 맞부딪치는 접근전이자
최초의 승부처인데

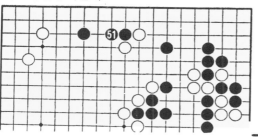

저 말까지 흑이 다
안정해 버리면
백은 뭐지?

자, 백의 다음 한 수는?
이런 데서 한가락 할 줄 알아야
진짜 고수 소리를 듣는 거다.

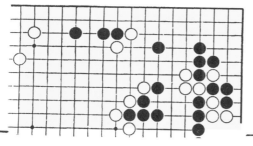

과연 미미는 백전노장(?).

백 52의 붙임. 오직 이 한 수다.
전 세계 9단들을 모조리 모셔 와도
모두 그 한 곳이라고 입을 모을 자리다.

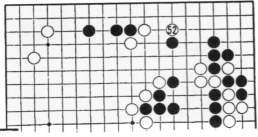

그래 그 맛이야! 아니, 그 수야!

갑자기 하 도사가 장고에 들어가더군.

호음…

얼핏 흑은 1 하기 쉬운데,
그것은 **A**의 팻감 때문에
흑의 무리다.

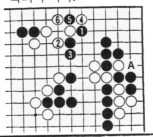

장장 15분간의 숙고 끝에 떨어진
흑의 한 수는

흑 53.
냉정 침착한 실속의
한 수.

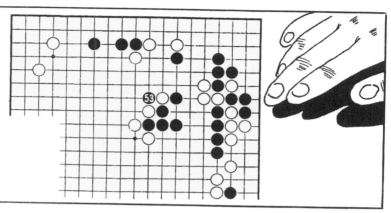

아주아주 두터운 그 한 수로 바둑은 흑 우세다.
그러나 흑 53의 수로는

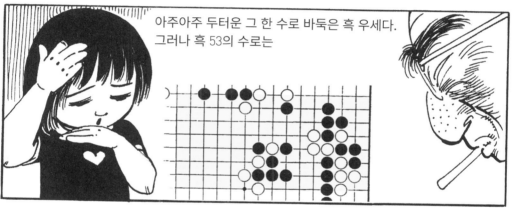

두기 거북하지만, 흑 1로 백 2를 잇게 하고
이하 흑 7까지가 더 강력하고 알기 쉬웠다.

피유!

그랬으면
아주 손털고
일어날 뻔
했군!

아니나 다를까!

뭐가 보이냐?

굳어만 있던 미미의 얼굴에
생기가 돌면서

백 54 기분 좋은 호구에 백 56의 신나는 날 일자.
바둑은 엎치락뒤치락이다.

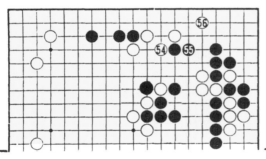

어쭉!
흑 아지트 속에서
제법 뭐가 됐잖아.

흑 57과 59는 절대 중의 절대.

폐석 비슷하던 백돌이
근거 비슷한걸 잡아가고
있다는거 아냐!

백은 그래 놓고 시원스럽게 백 60.
이것으로 이곳 전투는 일단락되는가 싶었다.

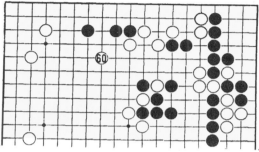

사람 모양새를 살피듯
바둑에서도 상(相)을 볼 줄 알아야 한다.

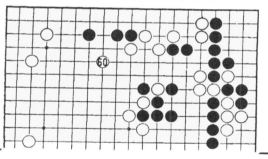

뭐야! 겨우 살아
나오기만 했을 뿐
귀 30집을 거저 굳혀
주었잖아.

나는 다시 슬그머니 대국실 바깥으로 나와 버렸다.

너무 어렵고 복잡
하고 조마조마
해서 도저히···

돌이 걸린 내기 바둑 한 판이란 그런 것이다.

빨리 돈을 챙겨 일어나고 싶은데
고래 심줄 같은 상대방이

도대체가 쉽게 이겨 가게
내버려 두지를 않는 것이다.

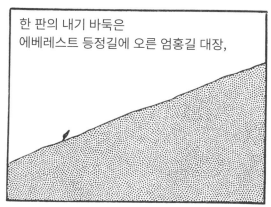

한 판의 내기 바둑은
에베레스트 등정길에 오른 엄홍길 대장,

하염없는 강태공의 수심(水心),

마라톤 주자의 고독,

칠흑 같은 적진 속에 고립된
외로운 특공대의 사투,

이기기 위해 무수히 넘고 넘어야 하는 산, 산, 산!

가파른 언덕을 넘어서면 또 고개,
그 너머에 또 고개, 그 고개 넘어서 다시 길 없는 숲,
이기기 위해 다시 그 숲을 헤치고 가고 가고
또 가야 한다.

어디 산길뿐이랴? 어느 순간 불쑥 다가오는 망망대해 검푸른 파도,

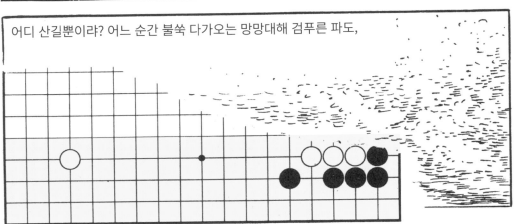

어김없이 찾아오는 해변의 밤!
그러나 내기 바둑꾼은 한가롭게 모닥불을 피워 놓고 눈을 붙일 수 없다.
다시 또 가야 한다.

이길 때까지 가야 하는 것이다.

천둥, 번개, 상어 떼의 공격을 견디며, 이글거리는 태양의 박해를 이겨 내며,
내기 바둑꾼은 승리의 고지를 향해 줄기차게 가야 한다.

같이 놀자고 끼룩끼룩 유혹하는 갈매기 떼,

어찌 갈매기의 유혹뿐이랴.
한 판의 내기 바둑은 곧 자신과의 싸움이다.
세상 만사 어느 것인들 그렇지 않으랴.
사방에서 외쳐 대는 유혹의 날개 소리.

산 넘고 바다 건너 흔들리는 내 마음마저 넘어
오솔길 지나 토담길 돌아 돌아

아, 아, 보인다! 투쟁과 기다림과 오래 참음의 터널을 빠져 나와
드디어 보인다, 반 집이!

그러나 반 집은 반 집인데, 누가 반 집인지 바둑알을 다 메워 보기 전에는 정확히 알 수가 있나?

그래서 누군가 '눈 터지는 계가 바둑'이라고 했나?

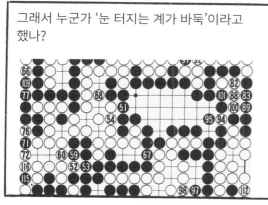

아, 아! 그동안 터진 눈이 얼마나 될까?

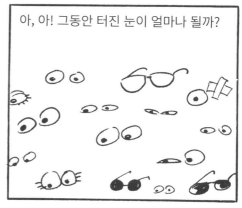

이래저래 의사들만 돈을 버나?

특히 안과가.

거기 비해서 술 마시는건 얼마나 쉬워!

술술 잘 넘어가고.

가끔 필름이 좀 끊기고, 간을 좀 버려서 그렇지.

그으윽! 딸꾹!♫

일단 얼마나 재밌어?

힘들 게 뭐 있어? 귀찮게 계가할 필요가 있나?

원샷이야 원샷!

더러 중간에 계가를 하는 띨띨이가 있지만

야 우리 여태 몇병 먹었냐?

술먹다 말고 웬 몇병!?

그리고 또 가끔 계가가 틀리기도 하지만

계산서

좀 틀리면 어때? 아가씨 얼굴 봐서 몇 집(?) 틀린 것쯤 눈감아 주지 뭐!

아가씨 소리 하니까 갑자기 생각나는 그 여자!

아, 아! 미스 리가 보고 싶다!

그런데 바로 그 순간

나는 내가 혹시 꿈을 꾸나 하고 다리를 다 꼬집어 봤다.

그러나 한낮에 여관 복도에서 서성대는 미스 리는 나를 몹시도 실망시켰다.

엇…… 저기……

난 또 누가 싸우나 했더니 당신 혼자 떠든거 였어?

웃겨 부렀네 !

죄송합니다. 실은 저기……

아니 그럼 나보구 한소리 였어?

죄송해요. 아는 여자랑 너무너무 뒷 모습이 같아서요.

응? 내가? 누구랑? 최진실이랑?

아 아닙니다.

이리 와봐! 확 쎄려버리기 전에 !

너무나 어이없는 착각으로 나는 생각지도 않던 일대 곤욕을 치렀다.

인생살이 축소판이 바둑이라고 하지만

어쩌면 사진 찍는 것(착각)까지 그렇게 닮을 수가!

기자(棋者)여, 깨지고 후회 말고

정수(正手)나 착각이나 헛수나 모두 똑같은 바둑알인 것이다.

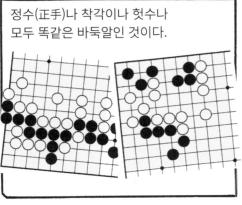

2권에서 계속